MARIUS

ŒUVRES DE MARCEL PAGNOL

de l'Académie française

DANS PRESSES POCKET

MARCEL PAGNOL

de l'Académie française

MARIUS

pièce en quatre actes

La loi du 11 mars 1957 n'autorisant, aux termes des alinéas 2 et 3 de l'Article 41, d'une part, que les « copies ou reproductions strictement réservées à l'usage privé du copiste et non destinées à une utilisation collective » et, d'autre part, que les analyses et les courtes citations dans un but d'exemple et d'illustration, « toute représentation ou reproduction intégrale, ou partielle, faite sans le consentement de l'auteur ou de ses ayants droit ou ayants cause, est illicite » (alinéa 1er de l'Article 40).

Cette représentation ou reproduction, par quelque procédé que ce soit, constituerait donc une contrefaçon sanctionnée par les Articles 425 et suivants du Code Pénal.

© Marcel Pagnol 1974.

PRESSES POCKET

© *Marcel Pagnol, 1976.*

ISBN 2-266-00074-8

A Léon et Simone Volterra,

avec ma reconnaissance et mon affection.
MARCEL PAGNOL.

MARIUS

Pièce en quatre actes représentée pour la première fois à Paris le 9 mars 1929, sur la scène du « Théâtre de Paris ».

PERSONNAGES

FANNY, 18 ans. La petite marchande de coquillages........	Mmes *Orane Demazis*
HONORINE, 45 ans. Sa mère. C'est une belle poissonnière marseillaise	*Alida Rouffe*
MARIUS, 22 ans. Il est assez mince, les yeux profondément enfoncés dans l'orbite, pensif et gai	MM. *Pierre Fresnay*
CÉSAR, son père. 50 ans. Patron du bar de la Marine. Grande brute sympathique aux avant-bras terriblement velus.......	*Raimu*
PANISSE, 50 ans. Le maître-voilier du Vieux-Port. Il a, sur le quai de la Marine, un long magasin frais qui sent la ficelle et le goudron.............	*F. Charpin*
ESCARTEFIGUE, 50 ans. Capitaine du ferry-boat, qui traverse le Vieux-Port vingt-quatre fois par jour	*Dullac*

PIQUOISEAU, mendiant. Sans
  âge ....   *Mihalesco*
M. BRUN, jeune vérificateur des
  douanes. Il est de Lyon......   *P. Asso*
                            Robert Vattier

LE CHAUFFEUR DU FERRY-
  BOAT, 14 à 16 ans ....   *Maupi*
LE GOELEC, quartier-maître.
  Un Breton ....   *Callamand*
Une cliente ....   *V. Ribe*
FÉLICITÉ ....   *Gueret*
Une Malaise ....   *L. Surena*
Un arabe marchand de tapis....   *Vassy*
L'agent ....   *Henry Vilbert*

ACTE PREMIER

L'intérieur d'un petit bar, sur le Vieux-Port, à Marseille. A droite, le comptoir. Derrière le comptoir, sur des étagères, des bouteilles de toutes les formes, ornées d'étiquettes bigarrées. Deux gros percolateurs nickelés. A gauche, le long du mur, une banquette de moleskine qui s'arrête à un mètre du rideau pour laisser la place à une porte fermée. Des tables rectangulaires en marbre, des chaises. A droite du comptoir un escalier à vis conduit au premier étage. Au fond, toutes les portes vitrées ont été enlevées, à cause de la chaleur. Il y a plusieurs tables sur le trottoir, sous une tente en auvent. On devine que cette espèce de terrasse s'étend assez loin de chaque côté du bar. Au milieu, juste au bord du trottoir, se dresse un éventaire où l'on vend des coquillages. On le voit de dos. Il est peint en vert. Plus loin que l'éventaire, au fond, un entassement de marchan-

dises. *Caisses qui portent en grosses lettres des noms de villes : Bangkok, Batavia, Sydney. Des tonneaux de fer, et sur la droite, une montagne d'arachides, sous un soleil éclatant. Enfin, au-dessus des marchandises, on voit des mâts qui se balancent.*

On entend, au-dehors, des milliers de coups de marteau sur des coques de navires, les vieux navires en démolition. On entend ferrailler la chaîne des grues, et des coups de sifflet lointains.

Fanny, la petite marchande de coquillages, est assise près de l'éventaire. Elle a dix-huit ans. Elle est petite, sa figure a une fraîcheur enfantine, mais son corps est harmonieux et robuste. Ses jambes sont nues, elle a de petits sabots. Elle lit un roman populaire, en attendant la pratique. Au comptoir, Marius rince des verres. Il a vingt-deux ans, il est plutôt grand, mince, les yeux enfoncés dans l'orbite. Au fond, sur la banquette, Piquoiseau. Devant lui, sur la table, une bouteille de rhum vide et un verre plein. Il n'a pas d'âge. Il porte un béret de marin sale et fripé. Un veston en loques. Un pantalon en lambeaux qu'il a roulé pour le retrousser sur son mollet. On voit sous la table ses pieds nus, noirs de crasse et de boue. Au premier plan, à droite, sur une chaise longue de bateau, le patron César. Il dort, son tablier bien rabattu sur le visage, à cause des mouches. Les manches de sa chemise sont retroussées sur ses bras velus. Au premier plan, à gauche, M. Escartefigue, capitaine du ferry-boat (il prononce fériboîte). Devant lui, une tasse de café. Barbe carrée, "œil d'un pirate,

1. fripé – crumpled   5. meanwhile
2. une loque – rag
3. tatters
4. peanut plant

*le ventre d'un bourgeois. Il porte un uniforme, qui
tient du gardien de square et de l'amiral. Soudain,
une sirène déchirante retentit. Les coups de marteau peu à peu s'arrêtent. Escartefigue tire sa
montre.*

ACTE PREMIER

Scène I

ESCARTEFIGUE, CÉSAR, MARIUS, PIQUOISEAU, LE CHAUFFEUR, FANNY

ESCARTEFIGUE

Té, midi à la sirène des Docks! *(On voit passer devant le bar, des ouvriers, la veste pendue à l'épaule. Escartefigue allume un ninas, puis il regarde dormir César, qui ronfle. Escartefigue siffle. Le dormeur cesse de ronfler.)* Comme il dort, ton père!

MARIUS

Hé?

ESCARTEFIGUE *(plus fort)*

Comme il dort, ton père !

MARIUS

Pensez qu'il se lève à 3 heures tous les matins et qu'il reste au comptoir jusqu'à 9 heures. C'est le moment du gros travail.

ESCARTEFIGUE *(il cligne de l'œil)*

Et toi, pendant ce temps, tu es dans ton lit.

MARIUS

Oui, mais je fais l'après-midi et la soirée.

ESCARTEFIGUE

Oui, quand il n'y a plus personne !

MARIUS

(il s'essuie les mains. Il vient s'asseoir près d'Escartefigue)

Et vous, vous avez beaucoup de monde, aujourd'hui ?

ESCARTEFIGUE

Un passager tous les deux voyages.

MARIUS

Il n'y a donc plus de gens qui ont besoin de
traverser le port?

ESCARTEFIGUE *(triste)*

C'est le Pont Transbordeur qui me fait du
tort. Avant qu'ils aient bâti cette ferraille, mon
bateau était toujours complet. Maintenant, ils
vont tous au Transbordeur... C'est plus
moderne que le fériboite, et puis ils n'ont pas le
mal de mer.

MARIUS *(incrédule)*

Vous avez vu des gens qui ont le mal de mer
sur votre bateau?

ESCARTEFIGUE

Oui, j'en ai vu.

MARIUS

Qui?

*(Un temps. Escartefigue hésite. Puis, brave-
ment.)*

ESCARTEFIGUE

Moi!

MARIUS

Pour une traversée de cent mètres?

ESCARTEFIGUE *(indigné)*

Qué, cent mètres! Il y a deux cent six mètres d'une rive à l'autre. Je connais bien le voyage, je le fais vingt-quatre fois par jour depuis trente ans!

MARIUS

Trente ans... *(Marius secoue la tête.)* Et ça ne vous fait rien quand vous voyez passer les autres?

ESCARTEFIGUE

Quels autres?

MARIUS

Ceux qui prennent le port en long au lieu de le prendre en travers.

ESCARTEFIGUE *(stupéfait)*

Pourquoi veux-tu que ça me fasse quelque chose?

MARIUS *(rêveur)*

Parce qu'ils vont loin.

ESCARTEFIGUE *(sentencieux)*

Oui, ils vont loin. Et d'autres fois, et d'autres fois, ils vont profond.

MARIUS

Mais le soir, quand vous partez pour la dernière traversée, qu'il y a tant de lumières sur l'eau, il ne vous est jamais venu l'envie... *(Il s'arrête brusquement.)*

ESCARTEFIGUE

Quelle envie?

MARIUS *(brusquement)*

De tourner la barre, tout d'un coup, et de mettre le cap sur la haute mer.

ESCARTEFIGUE *(épouvanté)* terror - stricken

Sur la haute mer? Mais tu deviens fada, mon pauvre Marius!

MARIUS

Oh! que non! Je vous ai deviné, allez!

ESCARTEFIGUE

Qu'est-ce que tu as deviné?

MARIUS *(à mi-voix)*

Que vous souffrez de ne pas sortir du Vieux-Port.

1. to steer for

ESCARTEFIGUE

Moi, je souffre?

MARIUS

Oui. *(Escartefigue rit.)* Quand vous venez prendre l'apéritif, des fois, avec M. Caderousse ou M. Philippeaux, qui arrivent du Brésil ou de Madagascar, et qu'ils vous parlent de là-bas, je vois bien que ça vous fait quelque chose.

ESCARTEFIGUE

Ça me fait plaisir de les voir revenus de si loin.

MARIUS

Pas plus?

ESCARTEFIGUE

Mais oui, pas plus! Écoute, Marius : je suis fier d'être marin et capitaine, maître à bord après Dieu. Mais Madagascar, tu ne peux pas te figurer à quel point je m'en fous! Question de patriotisme, je n'en dis pas de mal et je suis content que le drapeau français flotte sur ces populations lointaines, quoique, personnelle-, ment, ça ne me fasse pas la jambe plus belle. Mais y aller? EN BATEAU? Merci bien. Je suis trop heureux ici...

faire la belle jambe
to show off
c does me no mae good

MARIUS

Je ne l'aurais pas cru.

(Piquoiseau se lève soudain, et on le voit dans toute sa beauté. Il a un porte-voix en fer-blanc pendu à sa ceinture et une vieille lunette marine, des galons cousus à ses manches.)

PIQUOISEAU

Demain matin, à 9 heures, tout le monde en blanc sur le pont. Ouvrez le ban! Quartier-maître Piquoiseau, au nom du gouvernement de la République, je vous fais chevalier de la Légion d'honneur. Fermez le ban!

ESCARTEFIGUE

Oh! Piquoiseau, ça te prend souvent?

PIQUOISEAU
(il prend sa lunette marine et le regarde un instant)

Il y a un traître à bord! Amiral Escartefigue, je vous casse. Vous resterez aux fers jusqu'à Manille! *(Il se tourne vers la rue et sort à gauche sur le quai, en hurlant dans son porte-voix.)* L'amiral Escartefigue est dégradé! L'amiral Escartefigue est dégradé!

MARIUS

Il est plus gai qu'hier au soir!

1. megaphone
2. telescope
- 3. tin

ESCARTEFIGUE

Il t'a payé?

MARIUS *(à voix basse)*

Oh non... Il est trop pauvre, peuchère, Et
puis, il est fada... Souvent, il me raconte des
histoires du temps de la marine à voiles... Il a
fait plusieurs fois le tour du monde... De temps
en temps, je lui offre un verre... Mais naturellement, mon père ne le sait pas...

*(On voit paraître sur le seuil un voyou maigre de
quatorze ans. Il a des bandes molletières, un
énorme bonnet de police et une large taïole d'étoffe
retient son pantalon. Le tout, noir de crasse et de
fumée. Il fait le salut militaire. C'est le chauffeur
du ferry-boat.)*

LE CHAUFFEUR

Capitaine, nous partons pas? Y a du monde.

ESCARTEFIGUE

Combien sont-ils?

LE CHAUFFEUR

Ils sont un, mais ils ont le col et la canne. Et
sur le quai d'en face, ils sont quatre ou cinq qui
font des signaux terribles.

ESCARTEFIGUE

C'est sûrement des Napolitains qui se parlent. Enfin, je vais venir tout à l'heure.

LE CHAUFFEUR

Bien Capitaine. *(Il sort en courant.)*

ESCARTEFIGUE *(il crie)*

En attendant, fais monter la pression, et donnes-y quelques coups de sifflet, ça leur fera prendre patience.

LE CHAUFFEUR *(de loin)*

Bien Capitaine!

ESCARTEFIGUE *(il crie encore plus fort)*

Rien que trois coups de sifflet, autrement tu me manges toute la vapeur...

LE CHAUFFEUR *(à la cantonade)*

Bien Capitaine!

ESCARTEFIGUE *(il crie au chauffeur)*

Et fais attention de ne pas trop ouvrir le sifflet! *(A Marius.)* Parce qu'après, on ne peut plus le fermer.

MARIUS

Il n'est pas gros, votre chauffeur, mais il est joli!

ESCARTEFIGUE

Oh! Ne te moque pas de lui; c'est le meilleur chauffeur du monde.

MARIUS

Oyayaïe! Je voudrais le voir devant les grilles d'un gros bateau.

ESCARTEFIGUE *(indigné)*

Oh! Peuchère! Sur un gros bateau, ils n'ont aucun mérite, parce qu'ils ont la place pour tenir la pelle. Tandis que lui, il ne peut pas bouger et il est aussi près du feu que le bifteck. *(Deux coups de sifflet.)* Il m'appelle, tu vois; ça lui fait de la peine de faire attendre le passager. Brave petit!

(Un coup de sifflet déchirant qui ne s'arrête plus.)

MARIUS

Té, il a décroché le sifflet.

1. shovel, blade of an oar

ESCARTEFIGUE

Il me mange toute la vapeur! O jobastre! O imbécile! O idiot! *(Il sort en courant.)*

(Fanny se lève, et avec une sorte de longue seringue, elle prend l'eau de mer dans un seau et arrose ses coquillages. Puis elle vient à la porte du café, s'appuie à un montant paresseusement et regarde Marius.)

Scène II

FANNY, MARIUS, CÉSAR

FANNY

Oou Mariu-us!

MARIUS

Oou Fanni-y!

FANNY

A quoi tu penses?

MARIUS

Peut-être à toi.

FANNY

Menteur, va!

MARIUS

Tu crois que je ne pense jamais à toi?

FANNY

· Tu penses à moi quand tu me vois! *(Elle entre dans le bar, elle s'approche de lui en souriant.)* Paye-moi le café.

MARIUS

Profitons que mon père dort.

(Il remplit deux tasses et ils commencent à boire.)

FANNY

Pourquoi tu n'es pas venu danser hier au soir?

MARIUS

Où donc?

FANNY ·

A la Cascade. On danse tous les dimanches.

MARIUS

Tu y vas, toi?

FANNY

Oui. Il y a des gens très bien.

MARIUS

Qui?

FANNY

André, M. Bouzique, Victor... J'ai dansé toute la soirée avec Victor.

MARIUS

Est-ce qu'il a l'air aussi bête quand il danse que quand il marche?

FANNY *(elle rit)*

Que tu es méchant! Pourquoi ne viens-tu pas là-bas?

MARIUS

Je ne sais pas danser.

FANNY

Si tu veux, je t'apprendrai.

MARIUS

Je n'y tiens pas.

FANNY

Où tu es allé?

MARIUS

Me promener, respirer l'air du soir sur la
jetée.

FANNY

Tout seul?

MARIUS

Oui, mais j'ai rencontré M. Brun.

FANNY

Il est revenu?

MARIUS

Hier matin.

FANNY

Qu'est-ce qu'il est allé faire à Paris?

MARIUS

Il a suivi des cours dans une école de

douanes. Quand il est parti, il était commis. Maintenant, ils l'ont nommé vérificateur.

FANNY

Ils gagnent beaucoup, les vérificateurs?

MARIUS

M. Brun? Rien que pour faire blanchir ses cols, il lui en faut! (*Pendant qu'il savoure une dernière gorgée de café, on entend au loin la sirène d'un navire. Elle a un son grave et puissant qui se prolonge. Marius tressaille, il écoute, puis il dit :*) Té, voilà Saïgon!

FANNY

Comment le sais-tu?

MARIUS

C'est le sifflet du Yara. (*La sirène reprend : le navire demande l'entrée du port. Fanny boit une gorgée de café.*) Il demande le pilote.

(*A ce moment, César respire bruyamment, puis il fait glisser le tablier qui lui cache le visage. Il s'étire. Il regarde autour de lui.*)

CÉSAR

Fanny, ta mère est malade?

FANNY

Pourquoi me demandez-vous ça?

CÉSAR

Elle n'est pas venue boire son apéritif. C'est peut-être la première fois depuis dix ans.

FANNY

Elle est allée chez la couturière en sortant de la poissonnerie. Elle se fait faire une robe.

CÉSAR *(à Marius)*

Marius, c'est toi qui lui offres le café?

MARIUS

Oui.

CÉSAR *(impénétrable et froid)*

Bon.

MARIUS

Je viens de le faire. Tu en veux une tasse?

CÉSAR

Non.

MARIUS

Pourquoi?

CÉSAR

Parce que si nous buvons tout gratis, il ne restera plus rien pour les clients.

FANNY *(elle rit)*

Oh! vous n'allez pas pleurer pour une tasse de café?

CÉSAR

Ce n'est pas pour le café, c'est pour la manière.

MARIUS

Qué manière?

CÉSAR

De boire le magasin pendant que je dors.

(Il va lentement sur la porte et regarde le port en se grattant les cheveux.)

MARIUS

Si tu as voulu me faire un affront, tu as réussi.

CÉSAR

Un affront! Quel affront?

MARIUS

Si, à vingt-trois ans, je peux pas offrir une tasse de café, alors, qu'est-ce que je suis?

CÉSAR

Tu es un enfant qui doit obéir à son père.

FANNY

A vingt-trois ans.

CÉSAR

Oui, ma belle. Moi, il a fallu que j'attende l'âge de trente-deux ans pour que mon père me donne son dernier coup de pied au derrière. Voilà ce que c'était que la famille de mon temps. Et il y avait du respect et de la tendresse.

MARIUS

A coups de pied.

CÉSAR

Et on ne voyait pas tant d'ingrats et de révoltés.

FANNY

Eh bien moi, si ma mère me donnait une gifle[1], je ne sais pas ce que je ferais.

CÉSAR

Ce que tu ferais? Tu irais pleurer dans un coin, et voilà tout. Et si ton pauvre père était encore vivant pour t'envoyer une petite calotte[2] de temps en temps ça ne te ferait pas de mal. *(Marius et Fanny se regardent en riant, César marmonne[3].)* Ayez donc des enfants, pour qu'ils vous empoisonnent l'existence!

MARIUS *(blessé)*

Maintenant, je lui empoisonne l'existence! Je te fais la moitié du travail.

CÉSAR

Parlons-en de ton travail! C'est quand on a besoin de toi que tu disparais.

MARIUS

Moi? Je suis toute la journée au comptoir.

FANNY

C'est la vérité.

CÉSAR

Hier au soir, à 5 heures, quand le Paul Lecat

1. la gifle – slap in the face
2. box on the ears
3. marmonner – mutter

est arrivé, la terrasse s'est garnie tout d'un coup. Ils étaient peut-être cinquante à appeler le garçon. Et Marius ? Disparu.

MARIUS *(il ment)*

J'étais allé chez Caderousse, pour les caisses de grenadine.

CÉSAR

Tu n'aurais pas pu téléphoner ?

MARIUS

J'avais envie de marcher un peu.

CÉSAR

Et avant-hier matin aussi, tu avais envie de marcher ? A chaque instant, sous n'importe quel prétexte, tu disparais pour une ou deux heures... Il est vrai que quand tu es là, tu travailles avec un tel dégoût... Tu es pâle, tu es triste : on dirait un antialcoolique.

MARIUS

Peut-être que je suis neurasthénique.

CÉSAR

Toi ?

1. se garnir to be filled

MARIUS

Pourquoi pas?

CÉSAR *(soupçonneux)* distrustful

Et où tu l'aurais attrapé?

MARIUS

Ça vient comme ça.

CÉSAR

Dis donc n'essaie pas de monter le coup à ton père, hein? *(Il se tourne brusquement vers Fanny.)* Et toi, tu ferais mieux de vendre tes clovisses que de rester là. *(Fanny sort en riant, car une cliente attend près de l'éventaire.)* La vérité, c'est que tu es mou et paresseux. Tu es tout le portrait de ton oncle Émile. Celui-là ne passait jamais au soleil parce que ça le fatiguait de traîner son ombre. Tu es un rêvasseur, voilà ce que tu es. Un rêvasseur. Tu es né là, au-dessus de ce comptoir, et tu ne connais même pas ton métier. Tiens, le chauffeur du ferry-boat, que je prends le samedi comme extra, il le fait mieux que toi.

MARIUS

Qu'est-ce qu'il fait mieux que moi?

1. cockle, winkle
2. stall
3. weak
4. dreamer

CÉSAR

Tout! Tu ne sais même pas doser un mandarin-citron-curaçao. Tu n'en fais pas deux pareils!

MARIUS

Comme les clients n'en boivent qu'un à la fois, ils ne peuvent pas comparer.

CÉSAR

Ah! Tu crois ça! Tiens le père Cougourde, un homme admirable qui buvait douze mandarins par jour, sais-tu pourquoi il ne vient plus? Il me l'a dit. Parce que tes mélanges fantaisistes risquaient de lui gâter la bouche.

MARIUS

Lui gâter la bouche! Un vieux pochard qui a le bec en zinc.

CÉSAR

C'est ça! Insulte la clientèle au lieu de te perfectionner dans ton métier! Eh bien, pour la dixième fois, je vais te l'expliquer, le picon-citron-curaçao. *(Il s'installe derrière le comptoir.)* Approche-toi! *(Marius s'avance, et va suivre de près l'opération. César prend un grand verre, une carafe et trois bouteilles. Tout en parlant, il compose le breuvage.)* Tu mets

d'abord un tiers de curaçao. Fais attention : un
tout petit tiers. Bon. Maintenant, un tiers de
citron. Un peu plus gros. Bon. Ensuite, un
BON tiers de Picon. Regarde la couleur.
Regarde comme c'est joli. Et à la fin, un
GRAND tiers d'eau. Voilà.

MARIUS

Et ça fait quatre tiers.

CÉSAR

Exactement. J'espère que cette fois, tu as
compris.

(Il boit une gorgée du mélange.)

MARIUS

Dans un verre, il n'y a que trois tiers.

CÉSAR

Mais, imbécile, ça dépend de la grosseur des
tiers !

MARIUS

Eh non, ça ne dépend pas. Même dans un
arrosoir, on ne peut mettre que trois tiers.

CÉSAR *(triomphal)*

Alors, explique-moi comment j'en ai mis quatre dans ce verre.

MARIUS

Ça, c'est de l'Arithmétique.

CÉSAR

Oui, quand on ne sait plus quoi dire, on cherche à détourner la conversation... Et la dernière goutte, c'est de l'arithmétique aussi?

MARIUS

La dernière goutte de quoi?

CÉSAR

Toutes les dernières gouttes! Il y en a toujours une qui reste pendue au goulot de la bouteille! Et toi, tu n'as pas encore saisi le coup pour la capturer. Ce n'est pourtant pas sorcier!

(Il saisit une bouteille sur le comptoir, et tient le bouchon dans l'autre main. Il verse le liquide en faisant tourner la bouteille.)

Tu verses en faisant un quart de tour, puis, avec le bouchon, tu remets la goutte dans le goulot. *(Il fait comme il dit, avec un geste de mastroquet virtuose.)* Tandis que toi, tu fais ça en amateur; et naturellement, tu laisses couler la goutte sur l'étiquette... Et voilà pourquoi ces bouteilles sont plus faciles à prendre qu'à lâcher!

(Il feint de faire un grand effort pour décoller sa main de l'étiquette. Marius éclate de rire.)

CÉSAR

Et tu ris!

MARIUS

Toi aussi, tu ris!

CÉSAR

C'est vrai... Mais moi, je ris de ma patience! *(Il va jusqu'à la porte et regarde les passants. A ce moment, entrent Panisse et M. Brun. Panisse a cinquante-quatre ans. Taille moyenne, ventre rond, moustache frisée au petit fer. Il a des espadrilles. Il est en bras de chemise et fume la pipe. M. Brun porte des lorgnons, un col de dix centimètres, un chapeau de panama, une redingote d'alpaga noir.)* Et voici maître Panisse, le maître voilier du port de Marseille!

Scène III

M. BRUN, CÉSAR, FANNY, PANISSE, MARIUS

M. BRUN

Bonjour, maître empoisonneur! *(Il serre la main poissée de César.)* Oh!...

CÉSAR

Une invention de Marius. La bouteille attrape-mouches. Alors, Monsieur Brun, vous êtes vérificateur, maintenant?

M. BRUN

En titre, cher maître, en titre.

CÉSAR

On vous sert deux bons cafés?

M. BRUN

Non, pas pour moi. Je viens déguster...

FANNY

Des coquillages?

M. BRUN

Tout juste.

FANNY

Je vous prépare un panaché?

M. BRUN

Moitié moules, moitié clovisses.

PANISSE

Et autant pour moi!

FANNY

Et deux beaux violets au milieu!

CÉSAR

Avec une bouteille de petit vin blanc.

M. BRUN

S'il est frais.

CÉSAR

S'il est frais? Touchez-moi ça? On dirait que ça vient des vignobles du pôle Nord! *(Il débouche la bouteille. M. Brun et Panisse se sont assis.)* Alors, dites, ce Paris, ça vaut la peine d'être vu?

M. BRUN

Ah! Oui. C'est impressionnant.

PANISSE

Dis donc, il est monté sur la tourifèle.

CÉSAR

A ce qu'il paraît que comme largeur, c'est la moitié du Pont Transbordeur.

M. BRUN *(il rit et, avec un peu de condescendance)*

Peut-être, mais c'est au moins cinq fois plus haut.

PANISSE *(ennemi de la tourifèle)*

Ça, vous ne l'avez pas mesuré!

CÉSAR *(catégorique)*

Et puis, c'est peut-être plus haut, mais en tout cas, la largeur n'y est pas.

(Fanny apporte l'assiette de coquillages devant M. Brun qui commence à déguster après avoir placé son mouchoir à son faux col.)

PANISSE

Merci, ma jolie!

CÉSAR

Vous vous êtes beaucoup promené, là-bas?

M. BRUN

Oh! oui. Chaque soir, après mes cours, j'allais flâner sur les boulevards...

CÉSAR

Alors, vous avez vu Landolfi?

M. BRUN

Qui est-ce, Landolfi?

CÉSAR

Un vieil ami...

PANISSE

Il avait un petit magasin de tailleur sur le quai...

CÉSAR

Et puis, il s'est marié une parisienne, qui l'a entraîné¹ là-haut. C'est un grand blond, un peu maigre, avec une paupière qui retombe... Allons, vous l'avez sûrement remarqué.

M. BRUN

Eh non! Je n'ai pas vu Landolfi.

1. entraîner — to pull, lead

PANISSE

Et vous alliez vous promener tous les soirs?

M. BRUN

Tous les soirs.

CÉSAR

Alors il est mort.

PANISSE

Peuchère!

CÉSAR

Et ça ne m'étonne pas... Le climat. Il n'avait pas une santé à supporter ce climat.

M. BRUN

Allons donc! Paris est grand... On n'y connaît pas tout le monde comme ici.

CÉSAR

Oui, c'est grand, bien entendu, c'est grand.

PANISSE

C'est plus du double de Marseille!

M. BRUN *(ironique)*

Je crains bien que le double ne soit pas assez
dire... J'ai vu au moins trente Canebières!

(César et Panisse éclatent d'un rire joyeux.)

CÉSAR

O Panisse! Trente Canebières! Et après, on
dira que nous exagérons! Et vous êtes vérificateur! Quelle mentalité! Ah! On voit bien que
vous êtes Lyonnais, vous! *(La sirène des docks
siffle. César regarde la pendule.)* O coquin de
sort : midi et demi!

(Il sort brusquement en courant.)

PANISSE *(surpris)*

Où va-t-il?

MARIUS

Il va s'habiller. C'est lundi, aujourd'hui.

M. BRUN

Qu'y a-t-il de particulier, le lundi?

MARIUS *(confidentiel)*

Le lundi, à midi et demi, mon père va voir
ses amours.

PANISSE

Une Italienne, tout ce qu'il y a de beau : une femme comme ça !

(En écartant ses deux mains ouvertes devant sa poitrine, il donne à entendre qu'elle a des seins comme des pastèques.)

MARIUS

Non, maintenant, c'est changé. Il a trouvé une Hollandaise qui est au moins le double... On m'a dit qu'elle lui prépare des petits plats, et ils font la dînette comme des vrais amoureux...

M. BRUN

C'est charmant...

MARIUS

Surtout, faites semblant de ne rien savoir... Il croit que personne ne s'en doute... Chaque fois qu'il va la voir, il cherche des prétextes et il me donne des explications pendant dix minutes.

M. BRUN

Pourtant, ce n'est pas un crime d'avoir une maîtresse quand on est veuf !

PANISSE *(dans un cri douloureux)*

Veuf! Ah! Veuf! Ah! pas ce mot devant moi,
Monsieur Brun!

MARIUS

*(les doigts fermés, sauf le petit doigt et l'index, il
fait le geste classique qui rend inoffensifs les mots
qu'il ne faut pas prononcer)*

Hi, hi, hi...

M. BRUN

Pourquoi?

PANISSE

Vous n'avez pas su mon malheur? *(Il montre
sur la manche de sa chemise un minuscule papillon
de crêpe.)* Tenez, Monsieur Brun.

M. BRUN

Quoi? Mme Panisse?

PANISSE

Oui Monsieur Brun! Il y aura trois mois
demain! Elle si forte, si gaillarde...

M. BRUN

Oh! Mon pauvre ami!

PANISSE

A ce qu'il paraît qu'elle avait une maladie de
cœur... Ces choses-là frappent d'un seul coup...
lâchement.¹ Le vendredi, elle avait encore
mangé un aïoli du tonnerre de Dieu, avec les
escargots et la morue... Et le dimanche matin,
dernier soupir.

M. BRUN

Si vite! Quelle catastrophe!

PANISSE

Oui, oui... Vous me direz tout ce que vous
voudrez, mais il y a des fois que le bon Dieu
n'est pas gentil. Une brave femme, si dévouée,
si travailleuse, qui faisait marcher les ouvrières
comme pas une... Et avec ça, dans l'intimité,
elle était gaie et rieuse.²... Il lui fallait tout le
temps des taquineries³ et des jeux... Le matin,
quand elle était en chemise, je m'amusais à lui
courir après autour de la table de la salle à
manger. Je lui donnais de petites tapes,⁵ je lui
tirais des pinces... gentiment, pour rire... et
alors, pour se venger, elle me faisait des
chatouilles.⁴... (*Il étouffe un sanglot.*)

M. BRUN

Ne remuez pas vos souvenirs, Panisse, ça
vous fait du mal...

1. basely, shamefully
2. rieur, rieuse — laughing
3. teasing
4. tickle
5. slap

PANISSE

Oui, quand on pense que tout ça ne reviendra plus! A quoi ça me sert, maintenant, d'être juge au tribunal des prud'hommes? Et ce petit cotre [1] que je venais d'acheter pour aller au cabanon [2], le dimanche, qu'est-ce que vous voulez que j'en fasse? *(Il pleure.)*

M. BRUN

Évidemment, c'est un coup terrible... Mais il faut réagir. Il faut vous dire que nous sommes tous mortels, il faut vous faire une raison.

PANISSE *(violent)*

Et quand on ne peut pas?

M. BRUN

Le temps vous aidera, sans doute.

PANISSE

Le temps? Allons donc!... Plus ça va, plus je descends... Je passe mes nuits à pleurer... Voyons monsieur Brun, est-ce que cela peut durer?

M. BRUN

Que faire, pourtant?

1. Cutter
2. Cabin

PANISSE *(sombre)*

Oh! Je le sais bien, allez.

M. BRUN *(inquiet)*

Voyons, Panisse?

PANISSE

C'est facile à dire, voyons... J'ai bien réfléchi, et c'est tout vu. Des solutions, il n'y en a pas deux. Quand on commence à se tromper dans les factures, et même à les perdre, on n'a plus le droit d'hésiter... Je n'ai pas d'enfant, je suis orphelin, ce qui est bien naturel à mon âge... Ça ne fera de tort à personne.

M. BRUN *(il lui met la main sur l'épaule)*

Allons, allons, pas de bêtise... Attendez encore un peu, et vous verrez...

PANISSE

Non, non, non. *(Un temps.)* Je préfère me remarier tout de suite.

M. BRUN *(interloqué)*

Vous préférez vous remarier?

PANISSE

Le plus tôt possible, mon bon. C'est bête de

rester toujours seul à se faire du mauvais sang. Elle est morte? Elle est morte. Ce n'est pas en maigrissant que je pourrai la ressusciter, pas vrai!

M. BRUN

Bien sûr!

PANISSE

Il y en a peut-être qui trouveront que je n'ai pas attendu assez longtemps, mais j'ai la conscience tranquille... parce que moi, en quatre mois, je l'ai pleurée bien plus qu'un autre en cinq ans. *(Il montre le bout de son pouce pour montrer la grosseur de ses larmes.)* Des larmes comme ça, monsieur Brun... et des cris terribles... Je me demande comment j'ai fait pour tenir le coup!

M. BRUN

Pauvre Panisse!

PANISSE

Ah! oui, je suis bien à plaindre. *(Ils trinquent.)* A la vôtre... Qu'est-ce que vous en pensez?

M. BRUN *(narquois)*

Je ne serais pas étonné si vous me disiez que vous avez déjà choisi votre nouvelle femme.

PANISSE

Oh! pour ça oui, naturellement, et je vais présenter ma demande ces jours-ci, à la première occasion.

M. BRUN *(coquin)*

Qui est-ce?

PANISSE *(rigolard)*

Je ne peux pas encore vous le dire. Mais je vous retiens pour la noce, qué!

M. BRUN

J'y compte bien.

PANISSE

Je louerai des autos pour tous les invités. Il y aura les prud'hommes, tous mes clients, tous mes amis... Il n'y manquera qu'une seule personne, mais elle y manquera bien, allez! Ma pauvre Félicité, peuchère, elle qui aimait tant les fêtes! Mais quoi, le bon Dieu ne l'a pas voulu! Que faire? Elle nous verra de là-haut, où elle est sûrement plus heureuse que nous.

(On entend au dehors une voix qui crie.)

LA VOIX

Panisse!

PANISSE *(sans bouger)*

Quoi?

LA VOIX

Le second de la Malaisie est au magasin!

(Panisse se lève, va jusqu'à la porte et crie.)

PANISSE

J'arrive! *(Il revient vers M. Brun.)* C'est une grosse commande; il faut sauter dessus! *(Il se rassied.)* Ils sont déjà venus hier pour un jeu complet de voiles de rechange.

M. BRUN

Un gros bateau?

PANISSE

C'est la Malaisie!

M. BRUN

Le trois-mâts qui part en mission? Quand part-il?

PANISSE

Dans un mois, vers la fin de juillet.

M. BRUN

Drôle d'idée d'aller en mission sur un voilier!

MARIUS

Pardon, monsieur Brun. Ils partent pour étudier les vents et les courants, depuis Suez jusqu'en Océanie, et puis, c'est un voilier qui a une machine de secours.

PANISSE

Qui te l'a dit?

MARIUS

Un quartier-maître qui est venu boire à la terrasse.

LA VOIX *(dehors)*

O Panisse, tu te dépêches?

PANISSE *(avec une grande indignation)*

Vouei! Sauvage! Donne-moi le temps d'arriver! *(Dans un cri de révolte.)* Tu ne veux tout de même pas que je me fasse mourir!

(Il se lève, vide son verre.)

M. BRUN

Vous finirez tout de même par y aller!

PANISSE *(tristement)*

Que voulez-vous, quand on n'est pas rentier, le travail, c'est le travail.

(Il sort dans le soleil.)

Scène IV

MARIUS, M. BRUN, LA MALAISE, CÉSAR, FANNY

MARIUS

Il vous a dit qu'il allait se remarier?

M. BRUN

Oui, et je trouve qu'il va un peu vite... Il n'y a que trois mois qu'il est veuf...

MARIUS

Il est veuf depuis trois mois, mais cocu depuis vingt ans... Il vous a dit quelle femme il épouse?

M. BRUN

Non; il paraît que c'est un secret.

MARIUS

Je le sais, son secret. Il épouse Honorine, la
mère de Fanny.

M. BRUN

Elle est encore pas mal, Honorine, et je les
trouve assez bien assortis...

*(Une femme paraît sur le seuil. Elle est petite,
les pieds nus, la peau cuivrée. Une énorme
chevelure crépue. Elle porte dans ses bras cinq ou
six fruits de l'arbre à pain. Elle les offre en
souriant, sans dire un mot, mais en montrant des
dents éclatantes.)*

MARIUS *(il s'approche)*

Qu'est-ce que c'est?

LA MALAISE

Quat francs.

M. BRUN

Ce sont des fruits de l'arbre à pain... D'où
viennent-ils?

LA MALAISE

Quat francs.

M. BRUN

Oui, mais Manille, Bombay, Java?

LA MALAISE

Samoa.

MARIUS

Et comment ça s'appelle dans ton pays?

LA MALAISE

Quat francs.

M. BRUN

Elle y tient à ses quat francs!

MARIUS

Non... Coco? Banane? Mangues?

LA MALAISE

Maïoré...

MARIUS

Maïoré! Tiens, voilà quat francs. *(A M. Brun.)* Je veux le goûter.

M. BRUN

C'est excellent... Il faut le faire chauffer sur le

feu et, quand l'écorce commence à se fendre, tu n'as qu'à le peler et le manger. On dirait de la brioche.

(La Malaise sort en souriant, gracieuse et légère.)

MARIUS *(flairant le fruit)*

Maïoré... C'est drôle comme on voit les pays par leur odeur... *(Soudain on entend le pas de César dans l'escalier. Marius court au comptoir, après un regard d'intelligence à M. Brun. A voix basse.)* Monsieur Brun!

(Clin d'œil vers la porte. Il feint de lire un journal. M. Brun fait de même. Entre César. Il a mis un costume splendide, gris perle. Il porte un chapeau de paille fendu¹ qui a la forme d'un chapeau mou. Souliers éclatants, canne fantaisie.)

CÉSAR

Hum... Alors, je sors.

MARIUS

Bon, tu sors.

CÉSAR *(vague)*

Je vais faire un petit tour par là, en ville, de ce côté-là...

MARIUS

Bon.

CÉSAR

Quelques courses sans importance, d'ailleurs... Peut-être même je pousserai une pointe jusqu'au café Mostégui... manger une soupe au poisson. Un bisteck et des pommes frites... Enfin, un petit plaisir... Enfin, je sors...

(Il a gagné la porte, il est sauvé.)

M. BRUN *(malicieux)*

Au fond, vous n'avez pas besoin de donner des explications.

CÉSAR *(il se retourne brusquement)*

Mais je ne donne pas d'explications. Ce serait malheureux à mon âge s'il fallait que je donne des explications pour sortir! Je dis que je vais manger une soupe au poisson chez Mostégui. Ce n'est pas une explication. C'est un renseignement.

M. BRUN *(perfide)*

C'est-à-dire que si l'on a besoin de vous, on n'aura qu'à aller vous demander au café de M. Mostégui.

CÉSAR *(violent)*

Non, monsieur, non. On ne viendra pas me demander « au café de M. Mostégui ». Je dis... Je dis que je n'ai rien à dire, que s'il me plaît de faire un tour, je n'ai pas besoin de demander la permission à un Lyonnais.

M. BRUN

Mais personne ne dit le contraire !

CÉSAR

Mais c'est incroyable, cette inquisition ! Si j'avais quatre-vingt-six ans, je comprendrais qu'on me surveille, qu'on m'espionne... Mais, n... de D..., j'ai encore ma tête à moi ! On peut me laisser sortir seul, je ne tomberai pas dans le Vieux Port.

MARIUS

Mais, papa, personne ne te dit rien. Tu vas faire un petit tour, c'est tout naturel.

CÉSAR

Voilà le mot. C'est naturel. Mon fils l'a dit : c'est NATUREL... Je sors naturellement. Mais c'est toujours ceux qui ne devraient rien dire qui viennent se mettre au milieu !... C'est de la suspicion ! De la suspicion ! Je ne veux pas être suspecté par un Lyonnais ! *(Un temps. M. Brun*

*lit son journal. César arrange son panama devant
le miroir.)* Allons, au revoir tout de même,
monsieur Brun.

(Il lui serre la main.)

M. BRUN

Au revoir, cher ami; et bon appétit.

CÉSAR

Merci.

M. BRUN

Elle fait bien la cuisine?

CÉSAR *(rogue)*

Qui, elle?

M. BRUN *(innocent)*

Madame Mostégui.

CÉSAR

Il est veuf. C'est lui qui la fait. Bon. Je
rentrerai vers 6 heures. *(Il sort, mais s'arrête sur
la porte, et se retourne vers Marius.)* Si la voiture
de Picon passe, tu prendras douze bouteilles. Ça
fera 240 francs.

MARIUS *(il flaire toujours le fruit)*

Oui. *(Il répète.)* Maïoré. ·

CÉSAR *(sur la porte)*

Tu as compris ce que je t'ai dit? Douze bouteilles 240 francs.

MARIUS

Oui.

CÉSAR

Tu t'en rappelleras au moins?

MARIUS *(énervé)*

Oui! Je ne suis pas idiot! Il n'y a pas besoin de répéter vingt fois les choses! Si la voiture de Picon passe, je prendrai 240 bouteilles, c'est entendu!

CÉSAR

240 bouteilles! Oh! n... de D...! *(Il hurle.)* Douze bouteilles, propre à rien. Tu prendras douze bouteilles! *(Il répète en martelant les mots.)* Si la voiture de Picon passe, tu prendras 12 bouteilles. Si la voiture de Picon passe, tu prendras... Té, tu ne prendras rien. Je leur téléphonerai. Ah! mon pauvre enfant!

MARIUS *(vexé)*

Qué, ton pauvre enfant?

CÉSAR

Quand on fera danser les couillons, tu ne seras pas à l'orchestre.

(Il sort en haussant les épaules.)

Scène V

M. BRUN, MARIUS, PIQUOISEAU, FANNY

M. BRUN

Il est caustique, ton père.

MARIUS

Il n'est pas méchant, mais il ne faut pas le sortir de son métier.

(Un temps. Au loin, des sifflets de bateau. Sur la porte des mouches tournent dans le soleil. Entre Piquoiseau. Il va vers Monsieur Brun, lui fait un salut militaire et dit :)

PIQUOISEAU

M. Brun, la prière, je la sais.

MARIUS

Quelle prière?

PIQUOISEAU

C'est un secret. Je la fais tous les matins.

M. BRUN *(souriant et modeste)*

J'ai composé pour lui une petite prière à Notre Dame de la Garde.

PIQUOISEAU

Tous les matins et tous les soirs. *(Il récite avec ferveur.)*

Bonne Mère souveraine
Notre Dame des Marins
Fais venir un capitaine
Qui comprenne mon chagrin

Que j'entende claquer les voiles
La douce plainte des poulies
Que je voie les grosses étoiles
Danser sur la mer d'Australie

Bonne Mère, Bonne Mère,
Notre Dame des bateaux
Celui qui fait la prière
C'est le pauvre Piquoiseau.

MARIUS

Oh dites, Monsieur Brun, avec un talent comme ça, vous pourriez faire des chansons.

M. BRUN *(faussement modeste)*

Petit divertissement littéraire sans importance...

(M. Brun fait un effort pour se lever.)

M. BRUN

Et maintenant au môle G. Saïgon va débarquer dans une heure.

MARIUS

Je l'ai entendu siffler. Au fond, vous êtes comme Panisse, vous. Ça vous fait de la peine de vous lever.

M. BRUN

Et pourtant je suis de Lyon. Mais ici, je ne sais pas si c'est le climat, on resterait assis toute la journée.

MARIUS *(confidentiel)*

Il y a longtemps que je l'ai remarqué. A Marseille, il n'y a rien d'aussi pénible que le travail.

M. BRUN

C'est vrai. *(Il se lève.)* Alors, à ce soir.

MARIUS

A ce soir, monsieur Brun.

(Il flaire toujours le fruit. Au dehors, paraît Honorine. C'est une forte matrone de quarante-cinq ans. Elle a une robe neuve de couleurs éclatantes. Grandes boucles d'oreilles. Fanny l'embrasse, puis fait un pas en arrière pour regarder la robe.)

Scène VI

HONORINE, M. BRUN, FANNY, MARIUS, PIQUOISEAU

HONORINE

Bonjour, monsieur Brun.

M. BRUN

Bonjour, Honorine.

HONORINE *(à Fanny)*

Comment tu la trouves?

FANNY

Elle te va bien.

HONORINE

Cette fois, elle a réussi les emmanchures.

(Honorine entre dans le bar, Fanny la suit.)

FANNY

Je crois qu'elle t'a mis la taille un peu haut.

HONORINE

C'est moi qui lui ai demandé. Ça fait plus dégagé. Marius, donne-moi mon apéritif.

MARIUS

Vous n'avez pas encore mangé?

HONORINE

Oui, j'ai mangé. Donne-moi quand même un mandarin-citron. *(A Fanny.)* Tu as vendu beaucoup, ce matin?

FANNY

Je n'ai fait que 80 francs.

HONORINE

Parce que tu viens bavarder ici au lieu de rester près de l'inventaire.

FANNY

On ne dit pas l'<u>in</u>ventaire.

HONORINE

Comme on dit, alors?...

FANNY

On dit l'<u>é</u>ventaire.

HONORINE *(indignée)*

De quoi je me mêle! Tu ne crois pourtant pas que tu vas apprendre le français à ta mère, non? Donne-moi ton carnet. *(Marius pose le verre sur le comptoir.)* Merci, Marius...

(Fanny lui tend un carnet crasseux. Honorine en tire un autre de son corsage, un bout de crayon y est attaché par un bout de ficelle usée.)

FANNY

Tu vas rester là un moment?

crasseux, crasseuse - dirty

HONORINE

Oui.

FANNY

Surveille un peu la baraque. Je vais jusqu'à la maison.

HONORINE

Pour quoi faire?

FANNY

Pour changer de robe, celle-là est toute tachée, j'ai honte à côté de la tienne.

HONORINE

Bon.

(Fanny sort. Honorine se plonge dans ses comptes et boit une gorgée de mandarin de temps en temps. Piquoiseau paraît sur la porte. Il a un air mystérieux, il regarde prudemment s'il n'y a pas de suspect dans le bar, puis il entre.)

PIQUOISEAU

Marius!...

HONORINE *(à elle-même)*

Aqui lou fada!

1. tacher — to stain

PIQUOISEAU

Marius, voilà!

(Il lui remet une lettre.)

MARIUS

Merci.

PIQUOISEAU *(à voix basse)*

Je vais t'expliquer le coup...

MARIUS *(même jeu)*

Tais-toi. Sors dans la rue, fais le tour et viens me parler dans une minute à la fenêtre de ma chambre.

(Piquoiseau cligne un œil. Il s'avance vers Honorine et, par une pantomime énergique, exprime qu'il l'étranglerait volontiers. Honorine lève la tête et le voit.)

HONORINE *(compatissante)*

Qué malheur!

(Piquoiseau sort, elle se replonge dans ses comptes.)

MARIUS

Dites, Norine, vous restez là un moment?

HONORINE

Oui.

MARIUS

Je vais dans ma chambre. S'il vient quelqu'un, vous m'appellerez.

HONORINE

Bon.

Scène VII

HONORINE, PANISSE, UNE CLIENTE

HONORINE (*elle fait ses comptes avec application*)

Soixante-huit et neuf, septante-sept, et huit, quatre-vingt-cinq et six, nonante et un.

(*Entre Panisse.*)

PANISSE

Bonjour, Norine. Ça a marché ce matin?

HONORINE

Comme d'habitude. J'ai fait sept kilos de rougets, un peu de baudroie, des daurades et un beau fiala... Nonante et un et cinq, nonante-six...

PANISSE *(désinvolte)*

Ce matin, le mistral s'est tué. Demain, la pêche sera bonne.

HONORINE

Oui, il y aura du rouget...

(Elle inscrit encore un chiffre, puis elle referme le carnet.)

PANISSE *(un peu hésitant)*

Dites, Norine, vous viendrez encore au cabanon, dimanche?

HONORINE

Au cabanon? Oh! dites, Panisse, ça fera deux fois en quinze jours!

PANISSE *(galant)*

Si ça vous déplaît, c'est deux fois de trop. Mais si ça vous amuse, ce n'est pas assez.

HONORINE

Ça ne me déplaît pas, au contraire. Le bon air, un fin dîner, une bonne bouteille... Mais ça fait parler les gens.

PANISSE

Vous savez, Norine, quoi qu'on fasse, les gens parlent toujours.

HONORINE *(brusquement sérieuse)*

Panisse, depuis quelque temps, je vous vois venir. Mais si la chose n'est pas sérieuse, il vaut mieux l'arrêter tout de suite.

PANISSE

Qu'est-ce que vous appelez sérieuse?

HONORINE

Dans ma famille, il y a de l'honneur... A part ma sœur Zoé, la pauvre, qui avait l'amour dans le sang et qui est tombée à la renverse sur tous les sacs du Vieux Port. Mais sur les autres femmes de ma famille, personne ne peut dire ça. *(Ongle sur la dent.)* Alors, si ce n'est pas pour le mariage, dites-le-moi!

PANISSE

Honorine, vous savez bien que je pense au mariage. Ça a toujours été mon idée...

HONORINE

Alors, c'est tout différent.

PANISSE

Si vous venez au cabanon dimanche, nous serons bien à l'aise pour discuter tous les détails.

HONORINE

Oui... Dimanche... Justement Fanny doit aller passer la journée à Aix, chez ma sœur Claudine, et elle revient que le soir... J'aurai même pas besoin de lui dire où je suis allée.

PANISSE *(surpris)*

Elle ne viendra pas avec nous?

HONORINE

Nous serons plus tranquilles pour discuter.

PANISSE *(perplexe)*

Oui, nous serons plus tranquilles. Mais vous auriez pu l'amener tout de même.

HONORINE *(confuse)*

La vérité, c'est que j'ai un peu honte devant elle...

PANISSE

Honte de quoi?

HONORINE

Vous ne comprenez pas? Ah! les hommes, comme c'est peu délicat! Brigandas... va... Qui m'aurait dit, quand vous faisiez la partie de boules avec mon pauvre frisé, qu'un jour vous m'emmèneriez au cabanon toute seule...

PANISSE *(inquiet)*

Dites, Norine, je ne sais pas si nous sommes d'accord.

HONORINE

Si nous ne sommes pas d'accord, nous pourrons toujours nous expliquer. Il n'y a qu'une chose que je discuterai, c'est la communauté. Je veux la communauté.

PANISSE

Pour ça, on s'entendra toujours. Mais il me semble qu'il y a une erreur de votre part... Vous croyez peut-être que c'est vous que je veux?

HONORINE

Comment, si je crois? Vous ne venez pas de me le dire?

PANISSE

Mais non, je ne vous ai jamais dit ça! Vous n'êtes pas seule dans votre famille.

HONORINE *(frappée d'une révélation subite)*

C'est peut-être pas la petite?

PANISSE

Mais oui, c'est la petite, naturellement.

HONORINE *(elle hausse les épaules)*

La petite? Allez, vaï, vous galéjez!

PANISSE

Voyons, Norine! Vous ne pensez pas qu'à votre âge...

HONORINE *(se lève furieuse)*

Qué, mon âge? Il y en a de plus jolis que vous qui me courent derrière! Mon âge! Et il faut s'entendre dire ça par un vieux polichinelle que les dents lui bougent!

PANISSE

Voyons, ma belle, vous savez bien...

HONORINE

Vous ne vous êtes pas regardé! Si mes rascasses n'étaient pas plus fraîches que vous, je n'en vendrais guère.

PANISSE *(conciliant)*

Vaï, ne parlons pas de vos rascasses... Il s'agit de la petite !

HONORINE *(au comble de l'indignation)*

La petite ! Qui pourrait imaginer une chose pareille !... Vous n'en avez pas assez porté avec votre première ?

PANISSE

Comment, assez porté ?

HONORINE

Si on vous avait mis une voile entre les cornes, il aurait fallu une brave quille pour vous tenir d'aplomb.

PANISSE *(furieux, il se lève)*

Vous, qui parlez tant des autres, vous devriez un peu nous dire ce que vous alliez faire, le soir, dans l'entrepôt de maître Barbentane, avec Nestor, le premier trombone de l'Opéra ?

HONORINE

Et alors ? Pourquoi une veuve n'aurait pas le droit de parler à un trombone ? Mon mari était

mort depuis deux ans, et je vous apprendrai
qu'au ciel, il n'y a pas de cocus.

(Elle fait un signe de croix.)

PANISSE

Oui, ça les gênerait pour mettre l'auréole...
Allez, zou, Norine, c'est bête de nous disputer
pour un malentendu. Écoutez-moi.

HONORINE *(elle ricane)*

La petite! Quel toupet! Fanny!

*(Une cliente apparaît près des coquillages. Elle
touche la marchandise. Honorine se lève et va vers
elle.)*

Vous désirez quelque chose, ma belle?

LA CLIENTE
*(c'est une vieille fille dont le chapeau porte un petit
oiseau. Un col de dentelle baleiné monte jusqu'à
son menton!)*

Je voudrais des violets. Mais ceux-là sont
bien petits.

HONORINE

Il y en a de plus gros.

(Elle lui montre d'autres violets.)

LA CLIENTE

Ils sont vraiment bien petits.

HONORINE

Ils sont comme d'habitude.

LA CLIENTE

Je les trouve... Je les trouve petits.

HONORINE

Si c'est des monstres que vous voulez, il faut aller à l'aquarion!

LA CLIENTE *(elle tripote des violets qu'elle garde à la main)*

Je ne veux pas des monstres, mais tout de même...

HONORINE

Alors? Je vous en mets une douzaine?

LA CLIENTE

Oh! non. Ils sont... Ils sont petits.

HONORINE

Si vous ne les voulez pas, laissez-les... Et puis ne les pétrissez pas comme ça. Ce n'est pas en les tripotant que vous les ferez grossir. *(La cliente disparaît, Honorine revient dans le café.)* Ma fille... Fanny... ma fille...

PANISSE *(après un temps)*

J'aurais donné cent mille francs à la petite comme dot.

HONORINE *(dans un éclat de rire méprisant)*

Cent mille francs! *(Un ton plus bas, avec un sourire de mépris.)* Cent mille francs! *(Sérieusement, d'un ton interrogateur.)* Cent mille francs?

PANISSE

Oui, je lui constituerais une dot...

HONORINE *(intéressée)*

Allez, vaï, ne plaisantez pas.

PANISSE *(il la fait asseoir)*

Honorine, ma belle, venez vous asseoir ici, que je vous dise bien la chose. Si vous me donnez la petite, je lui fais une dot de cent mille francs, et une pension de quatre cents francs par mois pour sa mère.

HONORINE

Ah non! Ça, non. Ça, ce n'est pas mon genre, de vivre aux crochets de ma fille, jamais. Moi, je ne veux RIEN. Je ne demande qu'à habiter avec vous, voilà tout.

PANISSE *(pas très enchanté)*

Pour ça, on s'entendra toujours. Elle aura une bonne. Et je lui laisserai tout par testament.

(Un temps. Honorine réfléchit. Panisse attend, souriant.)

HONORINE

Panisse, la petite ne voudra jamais.

PANISSE

Si elle voulait, qu'est-ce que vous diriez?

HONORINE

Naturellement, je ne l'empêcherais pas de faire sa vie, mais elle ne voudra pas.

PANISSE

Je lui en ai déjà parlé.

HONORINE

Quand?

PANISSE

Dimanche dernier, au cabanon. Pendant que vous faisiez la bouillabaisse.

HONORINE

Qu'est-ce qu'elle vous a dit?

PANISSE

De m'adresser à sa mère. Ça veut dire qu'elle accepte.

HONORINE

Quelle petite masque! Elle m'a bien trompée celle-là! Vous lui avez parlé des cent mille francs?...

PANISSE

Non. C'est elle qui m'en a parlé.

HONORINE *(avec fierté)*

Elle est magnifique, cette petite.

PANISSE

Et je vous signerai des papiers dès que vous aurez dit oui.

HONORINE

Dites, Panisse, parlons peu mais parlons bien.
Vous avez bien réfléchi à la chose?

PANISSE

Oui. J'ai réfléchi.

HONORINE

Vous avez vu qu'elle a trente ans de moins
que vous?

PANISSE *(avec un grand bon sens)*

Eh! oui, mais ce n'est pas de ma faute.

HONORINE

Vous savez ce qui arrivera?

PANISSE

Mais elle aura tout ce qu'elle voudra. De
l'argent, des robes, des bijoux...

HONORINE
(elle secoue la tête d'un air plein de doute)

Je le sais! Vous êtes un brave homme. Mais il
ne faudrait pas qu'il lui manque le principal.

PANISSE

Quel principal?

HONORINE

Je me comprends.

PANISSE
*(il sourit avantageusement, se redresse et frise ses
moustaches)*

Allons, Norine... Parlez pas de ce que vous
ignorez!

HONORINE

Je sais qu'il n'y a rien de plus beau que
l'amour.

PANISSE *(même jeu)*

Mais je suis bien de votre avis.

HONORINE

Mais il vaut mieux avoir dix-huit ans.

PANISSE *(même jeu)*

Eh bien, la petite a dix-huit ans.

HONORINE

Et vous, cinquante.

PANISSE *(malin)*

Seulement, j'ai 600 000 francs.

HONORINE

Ah! mon pauvre Panisse, les chemises de nuit n'ont pas de poches! Moi, je vous parle dans votre intérêt. Bien sûr, c'est un beau parti pour ma petite... *(Elle rêve un instant.)* Mais quand je pense à ça et que je vous regarde, je vous vois une paire de cornes qui va trouer le plafond.

PANISSE *(vexé)*

Encore! Vous vous trompez, voilà tout. Tout ce que je vous demande, c'est de me dire oui. Le reste, je m'en charge.

HONORINE

Eh bien, je vais lui en parler. Je vous répondrai dans quelques jours.

PANISSE

Bon. Dans quelques jours. J'attendrai.

HONORINE

Seulement, je voudrais bien regarder les comptes de votre magasin. Ce n'est pas la curiosité, Panisse. C'est l'amour maternel.

PANISSE

Venez demain matin, je vous expliquerai tout.

HONORINE

Oui, demain, après-demain, je ne suis pas pressée. J'ai confiance. Mais, té, je vois Fanny qui arrive. Nous pourrions y aller tout de suite?

PANISSE *(bon enfant)*

Si vous voulez!

HONORINE *(Elle se lève et crie)*

Marius!

MARIUS *(voix en coulisse)*

Oui!

HONORINE

Je m'en vais! S'il vient du monde, occupe-t-oi-z'en!

MARIUS *(en coulisse)*

Bon! Je viens.

PANISSE *(à mi-voix)*

Dites, vous ne croyez pas que Fanny et Marius, il y a entre eux un certain sentiment?

HONORINE

Ah! pour ça, c'est sûr! et c'est naturel!

PANISSE

Pourquoi?

HONORINE *(froidement)*

Parce que, le samedi soir, au cabanon, ils ont souvent couché ensemble.

PANISSE *(épouvanté)*

Ils ont... Honorine, qu'est-ce que vous dites?

HONORINE

Eh! oui! Au cabanon, il n'y avait qu'un berceau.

PANISSE *(en sortant)*

Oh! coquin de sort que vous m'avez fait peur!

HONORINE

Allons, venez, mon gendre.

PANISSE

Je vous suis, maman.

(Ils sortent. Entre Marius par la porte du premier plan. Une marchande crie : « Picon... Picon... » L'Arabe crie : « Jolis tapis... » Fanny

*apparaît sur le seuil. Elle a une jolie robe verte et
une chemisette de soie chatoyante. Elle s'approche
de Marius qui la regarde des pieds à la tête.)*

Scène VIII

FANNY, MARIUS

FANNY

Qu'est-ce que tu regardes comme ça?

MARIUS

Tu as une bien jolie chemisette!

FANNY

C'est ma mère qui me l'a faite. *(Un temps.)*
Tu voudrais bien voir ce qu'il y a dedans, qué!

MARIUS *(très gêné)*

Ça ne me ferait pas peur, tu sais!

FANNY

Toi? Tu partirais en courant jusqu'à la
Joliette!

MARIUS

Tu crois ça?

FANNY

Oui. Tu es tout le temps à réfléchir et à penser. Si une fille te regarde, tu baisses les yeux.

MARIUS

Regarde-moi un peu, pour voir! (*Elle s'approche de lui, elle le regarde bien dans les yeux. Elle se rapproche peu à peu, elle adoucit son regard qui brille cependant d'un éclat intense. Marius se trouble... Il essaie un petit rire, il rougit, il baisse les yeux, puis il hausse les épaules et dit.*) Que tu es bête! (*Fanny se met à rire, elle va jusqu'à la porte, elle se retourne vers lui, elle rit encore.*) Qu'est-ce que tu as à rire comme ça?

FANNY

Rien. Et la fille du café de la Régence, tu oses la regarder?

MARIUS

Quelle fille?

FANNY

Avec ça que tu ne la connais pas! Elle passe ici devant deux fois par jour pour te faire un coup d'œil! Si tu crois qu'on ne le voit pas!

MARIUS

La grande blonde? Je ne lui ai jamais parlé!

FANNY

Alors, c'est que tu n'es pas capable de te déclarer à une fille, même si elle vient te tourner autour...

MARIUS

Ça, tu n'en sais rien!

FANNY

Tu es timide, je le vois bien! Si une fille venait t'embrasser, tu tomberais évanoui!

MARIUS

Je ne me suis pas évanoui quand tu m'as embrassé!

FANNY

Moi? Je t'ai embrassé?

MARIUS

Oui.

FANNY

Quand?

MARIUS

Il y a longtemps. Un soir que nous jouions aux cachettes sur le port. J'avais bien quinze ans, et toi, onze ou douze.

FANNY

Je ne me rappelle pas.

MARIUS

Nous étions derrière des sacs de café et, tout d'un coup, tu m'as embrassé là. *(Il montre sa tempe.)*

FANNY

Moi?

MARIUS

Oui, toi. Et pas qu'une fois. Un autre jour, aussi, sur le quai de Rive-Neuve... Tu l'as vraiment oublié?

FANNY

Tu sais, quand on joue aux cachettes, c'est toujours un peu pour embrasser les garçons.

MARIUS

Ah!... Tu en as embrassé d'autres?

FANNY

Oui, peut-être!

MARIUS

Qui?

FANNY

Victor, Mathieu, Louis... Tous ceux qui jouaient avec nous.

MARIUS

Tiens, tiens...

FANNY

Et toi, tu n'embrassais pas les autres filles?

MARIUS

Je ne me souviens pas.

FANNY

Je me souviens très bien que tu avais fait une caresse à Césarine, et qu'elle t'avait donné des poux.

MARIUS

Et un autre jour, tu l'avais giflée, parce qu'elle se cachait avec moi dans la cave.

FANNY

Oh! pauvre! Je m'en moquais bien qu'elle se cache avec toi! Qu'est-ce que tu vas imaginer?

MARIUS

Oh!... Je te dis ça pour parler.

FANNY

Tu serais bien aimable de ne pas faire des plaisanteries de ce genre. Surtout maintenant.

MARIUS

Pourquoi « maintenant »?

FANNY *(mystérieuse)*

Parce que.

MARIUS

Qu'y a-t-il de changé?

FANNY *(même jeu)*

Des choses.

MARIUS

Quelles choses?

FANNY *(elle feint de se décider)*

Écoute, si tu me promettais de ne le dire à personne...

MARIUS

Tu sais bien que tu peux avoir confiance!

FANNY

On dit ça, et après on répète tout pour le plaisir de parler.

MARIUS *(impatient)*

Si tu ne veux pas me le dire, je ne te force pas.

FANNY

Écoute, je crois que je vais me marier.

MARIUS

Toi?

FANNY

Oui.

MARIUS

Avec qui?

FANNY

Personne ne le sait encore, mais à toi, je vais te le dire, parce que tu vas me donner un conseil.

MARIUS

Bon. Avec qui?

FANNY

Je ne suis pas malheureuse, et les coquillages, je ne m'en plains pas. Mais j'aimerais mieux faire un travail où on a des employés.

MARIUS

Tu es pratique, toi.

FANNY

J'ai dix-huit ans. C'est le meilleur moment pour choisir, parce que je ne serai jamais plus jolie que maintenant... Et il me semble que si l'occasion se présente... Il ne faut pas la laisser échapper.

MARIUS *(nerveux)*

Et... L'occasion s'est présentée?

FANNY

Oui.

MARIUS

Qui?

FANNY

Il m'a demandée à ma mère...

MARIUS

Qui?

FANNY

Je ne sais pas si je fais bien de te le dire.

MARIUS *(exaspéré)*

Si tu ne veux pas le dire, garde-toi-le.

FANNY

Tu le sauras bientôt, vaï.

MARIUS

Oh! Je le sais déjà. C'est le petit Victor. Il y a assez longtemps que ça se comprend.

FANNY

Et toi, tu l'as compris?

MARIUS

Tout le monde l'a vu. Il venait te parler tous les soirs, sous prétexte de manger des coquillages... Il en a mangé tellement qu'il a failli mourir de l'urticaire.

FANNY

Qu'est-ce que ça prouve?

MARIUS

Ça prouve que c'est un imbécile. Et puis, si tu comptes sur le magasin, son père n'est pas encore mort, tu sais.

FANNY

Oh! Je n'attends après la mort de personne, et je me moque bien de Victor!

MARIUS

Alors, qui c'est?

FANNY

Panisse.

MARIUS *(incrédule)*

Panisse? Le père Panisse?

FANNY

Oui, Monsieur Panisse. Depuis quelque temps je le voyais venir... Et puis, dimanche

dernier, il nous a menées au cabanon, moi et
ma mère.

MARIUS

Je le sais, il y avait ta mère!

FANNY

Oui. Et pendant qu'elle faisait la bouillabaisse, nous sommes allés nous promener sur
les rochers. Et tout d'un coup, il enlève son
chapeau et il se met à genoux.

MARIUS *(goguenard)*

Le Père Panisse? Ha!

FANNY

Et il me dit qu'il m'aime, que je suis la plus
jolie de tout Marseille, et qu'il me veut. Et puis,
il se relève, et il essaie de m'embrasser.

MARIUS *(goguenard)*

Il essaie de t'embrasser. Et alors?

FANNY

Alors, je lui donne une gifle, parce que c'était
le plus sûr moyen qu'il me demande à ma
mère. Et ce matin, il m'a demandée. Voilà.

MARIUS

Eh bien, ma fille, tu es une belle menteuse.

FANNY

Tu ne le crois pas?

MARIUS

Non.

FANNY

Pourquoi?

MARIUS

Parce qu'il veut ta mère, je le sais! J'ai vu la robe d'Honorine, tout à l'heure. Et j'ai vu comment elle lui parlait...

FANNY

Bon.

MARIUS

Tu as beau dire « bon » tu ne me feras pas croire que tu as pensé une seconde à épouser Panisse.

FANNY

Bon! Alors, tu ne veux pas me donner un conseil?

MARIUS

Oui. Je te conseille, quand tu voudras me faire marcher, de chercher une histoire moins bête que celle-là...

FANNY

Bon.

MARIUS

Allons! Un homme qui a les yeux plissés comme le côté d'un soufflet...

FANNY

Tais-toi, le voilà.

(Panisse paraît sur la porte, guilleret.)

Scène IX

PANISSE, FANNY, MARIUS

PANISSE *(galant)*

Eh bien, ma jolie, tu te reposes?

FANNY

Je reste un peu au frais en attendant les clients.

PANISSE

Tu as bien raison.

(Il déclame.)

Le soleil est le dieu du jour.
Mais cachez-lui ce frais visage.
Car il pourrait brûler, dans son ardeur
sauvage,
Les douces roses de l'amour!

MARIUS

Hé! Hé! Panisse, c'est bien envoyé, ça!

PANISSE *(très à son aise)*

C'est ma spécialité, mon cher. Filer le madrigal. Les dames en sont friandes... et il n'y a rien de tel que quatre petits vers.

FANNY

C'est vous qui les avez faits?

PANISSE

Je te dirais oui si j'étais menteur et si je n'étais pas certain que tu les verras sur un pot de pommade dans la vitrine du bureau de tabac qui fait le coin de la rue Victor-Gelu. D'ailleurs, le plus grand mérite d'une poésie, c'est d'être bien placée dans la conversation. Marius, deux anisettes.

FANNY

Il y en a une pour moi?

PANISSE

Et pour qui serait-elle? Viens un peu t'asseoir ici. Viens! *(Ils vont s'asseoir assez loin du comptoir, sur la banquette. Panisse parle en baissant le ton pendant que Marius prépare la bouteille et les verres.)* Je viens de parler à ta mère. Elle est en train de regarder ma comptabilité. Et je crois que nous serons d'accord si tu dis oui.

FANNY

Je vous ai demandé quelques jours, Panisse.

PANISSE

Et tu as bien fait... Il n'est pas mauvais de faire attendre une réponse : ton oui me fera plus plaisir encore.

(Marius vient disposer les verres et les remplir.)

FANNY *(elle parle pour que Marius entende)*

Dites, Panisse, combien c'est que vous en avez, d'ouvrières?

PANISSE

Vingt-trois, et j'en cherche trois autres, parce que j'ai une commande importante pour la Malaisie. Un trois-mâts. J'irai cet après-midi pour vérifier les mesures. *(A Marius.)* Hé! petit, remplis bien les verres.

MARIUS

Ils sont pleins!

FANNY

Oh! menteur!

PANISSE

Tu comptes ça deux francs vingt-cinq, et il y manque au moins les centimes.

MARIUS

Tenez, tenez...

(Il achève de remplir les verres et fait déborder l'anisette dans les soucoupes.)

PANISSE

Fais attention, tu verses à côté!

FANNY

Il est un peu fatigué, aujourd'hui.

(Marius ne dit rien. Il rebouche sa bouteille et retourne au comptoir. Pendant les répliques suivantes, Panisse prend son verre d'une main, sa soucoupe de l'autre et boit la liqueur que Marius a répandue dans la soucoupe.)

PANISSE *(très gentleman)*

Vraiment, ce ne sont pas des manières. *(Il a bourré sa pipe et il fouille ses poches depuis un moment.)* Coquin de sort! J'ai oublié mes allumettes!

FANNY

Attendez!

(Elle prend le pyrophore sur la table voisine. Elle allume l'allumette et la tient elle-même au-dessus du fourneau de la pipe. Marius, qui n'a pas perdu un mot de la conversation, regarde ce tableau avec une inquiétude grandissante.)

PANISSE

C'est gentil, ce que tu viens de faire. Une allumette tenue par une aussi jolie main.

FANNY

Oh! Panisse, ne dites pas que j'ai de jolies mains!

PANISSE

Elles sont petites comme tout! *(Il lui prend la main et la regarde.)* Elles sont fines, elles sont chaudes... Et tu as une bien belle bague...

FANNY

Elle vous plaît?

PANISSE

Elle fait très bien. Elle est en or?

FANNY

Je ne crois pas. Je l'ai trouvée dans une pochette-surprise.

PANISSE

Alors, elle est en cuivre!

FANNY

Tant pis!

PANISSE

Tu n'as jamais eu une bague en or?

FANNY

Non.

PANISSE

Et ton collier, il est en or?

FANNY

Oh! mon collier, oui. C'est ma tante Zoé qui me l'a donné pour ma communion.

PANISSE

Il est joli... *(Il prend le collier du bout de ses gros doigts et se rapproche peu à peu, sous prétexte de l'examiner.)* Il est très joli... Il y a une médaille au bout?

(Il touche légèrement la peau de Fanny pour faire sortir la médaille qui est entre les seins.)

FANNY *(elle recule)*

Oui... Attendez... Je vais la sortir.

(Panisse prend la médaille et se penche pour lire.)

PANISSE

Qu'est-ce qu'il y a d'écrit?

FANNY

C'est ma date de naissance.

(Panisse se penche, respire fortement. Marius s'agite de plus en plus et soudain tousse très fort.)

MARIUS

Hum! Ahum! Humhum! *(Panisse ne l'a pas entendu. Il est perdu dans sa contemplation oblique. Alors Marius qui n'y tient plus, dit brusquement.)* Fanny! Ta mère te crie!

FANNY

J'ai pas entendu!

(Panisse lève la tête. Il est tout rouge.)

MARIUS

Je te dis que ta mère t'appelle. Ça fait trois fois.

FANNY

Tu as des rêves!

PANISSE

En tout cas, si elle a besoin de toi, elle sait où tu es. *(Marius se tait, fort agité. Il fait mille gestes incohérents pour changer de place diverses bouteilles.)* Parlons un peu sérieusement. Avec ta mère, nous avons discuté des chiffres... Nous sommes allés chez moi et puis...

(Il baisse la voix parce que Marius écoute. On n'entend plus rien, Panisse et Fanny restent assis sans parler. De temps à autre, elle jette un regard

sur Marius pour voir les effets de son jeu. Marius
se rapproche d'eux, sous prétexte d'essuyer la table
voisine.)

MARIUS *(agressif)*

C'est moi qui vous empêche de parler?

PANISSE

Non.

MARIUS

Vous parlez doucement et parce que je
m'approche, vous vous taisez.

FANNY

Peut-être que nous disons des choses personnelles.

MARIUS

Quand on ne veut pas parler devant le
monde, c'est qu'on dit des saletés.

FANNY

Des saletés, dis, grossier!

PANISSE *(avec une grande noblesse)*

Marius, fais un peu attention à qui tu
t'adresses.

MARIUS

Je m'adresse à vous, et je vous dis que ça me fait mal au cœur de vous voir.

PANISSE

Tu n'as qu'à tourner l'œil de l'autre côté.

MARIUS

Et puis, je n'aime pas qu'on me regarde d'un air sur deux airs!

PANISSE

Moi, je te regarde d'un air sur deux airs?

FANNY

Tu deviens fou, mon pauvre Marius!

PANISSE

Un pauvre fou!

MARIUS

Faites attention! Il y a des fous dangereux, et j'en connais un que la main lui démange de vous envoyer un pastisson!

FANNY

Marius!

1. to itch (démanger)

PANISSE

A moi, un pastisson! *(Avec une commisération
infinie.)* O pauvre petit!

MARIUS

Sortez un peu de la banquette, avancez-vous,
si vous êtes un homme!

PANISSE

Si on te pressait le nez, il en sortirait du lait!

(Fanny éclate de rire.)

MARIUS *(lui tend son nez)*

Eh bien, essayez donc! Tenez, le voilà mon
nez! Vous avez peur, hein?

*(Marius est penché sur Panisse et le regarde
dans les yeux, à trois centimètres.)*

PANISSE *(avec le calme qui précède les tempêtes)*

Marius, fais bien attention, tu ne me connais
pas!

MARIUS

Eh bien, faites-vous connaître... C'est le
moment! Malheureux!

PANISSE *(il se lève brusquement)*

Malheureux! C'est à moi que tu dis malheureux?

FANNY *(se soulève et retient Panisse)*

Panisse!...

PANISSE

Laisse. C'est une affaire entre hommes... Tiens-moi le chapeau. *(Il donne son chapeau à Fanny. Il s'approche de Marius jusqu'à le toucher. Tous deux se regardent sous le nez.)* Donne-le un peu ton pastisson.

MARIUS

Pressez-le-moi un peu le nez!

PANISSE

Pauvre petit!

MARIUS

Malheureux!

PANISSE *(avec plus de force)*

Pauvre petit!

MARIUS *(de même)*

Commerçant!

PANISSE

Tu parles, tu parles, mais tu n'oses pas commencer!

MARIUS

Vous faites beaucoup de menaces, mais rien d'autre!

PANISSE *(avec une fureur soudaine)*

Oh! Si je ne me retenais pas!

MARIUS

Ah! Si vous n'aviez pas de cheveux gris!

PANISSE

Tu veux peut-être que je me les arrache pour te faire plaisir? *(A ce moment, une voix à la cantonade appelle : « Panisse! » Sans bouger, les yeux toujours fixés sur ceux de Marius, Panisse, d'une voix de tonnerre, répond.)* Vouei!

LA VOIX

Il y a du monde au magasin!

PANISSE

Je suis occupé! *(Il quitte son attitude belliqueuse. Il remonte son pantalon à deux mains, et dit simplement.)* Tu as de la chance! *(Il recule d'un pas.)* Fanny, je te quitte, puisque mes affaires l'exigent. Est-ce que tu me feras le plaisir de venir goûter chez moi, tout à l'heure?

FANNY

Pourquoi pas ici?

PANISSE

Parce que je refuserai, désormais, de mettre le pied dans une maison où les gens ne savent pas se tenir à leur place.

MARIUS

Vous avez beau prendre l'accent parisien, ça ne m'impressionne pas.

PANISSE *(comme s'il n'avait pas entendu)*

Alors, Fanny, à tout à l'heure, je t'attends là-bas. *(A Marius.)* Deux anisettes à deux francs vingt-cinq font quatre francs cinquante. Tenez : gardez tout, garçon.

(Et il sort, laissant Marius pétrifié. Fanny sourit. Un temps de silence assez lourd.)

Scène X

FANNY, MARIUS, PIQUOISEAU

FANNY

Marius, tu n'es pas gentil de faire tant de bruit pour des choses qui ne te regardent pas.

MARIUS *(furieux)*

Et puis je t'apprendrai qu'ici c'est un bar, ce n'est pas une maison de rendez-vous.

FANNY

Dis donc, sois un peu poli avec moi, au moins.

MARIUS

Tu ne le mérites pas.

FANNY

Pourquoi?

MARIUS

Ah! si je ne l'avais pas vu, je ne l'aurais jamais cru. C'est honteux ce que tu fais avec ce pauvre vieux.

FANNY

Quel pauvre vieux?

MARIUS

Tu ne vois pas que tu risques de le tuer? Du temps, qu'il regardait dans ton corsage, il soufflait, il suait, il était rouge comme un gratte-cul.

FANNY

Tu étais bien plus rouge que lui. Et puis, j'ai un soutien-gorge. Et puis ça ne te regarde pas.

MARIUS

Au fond, tu as bien raison, et j'ai bien tort de m'en mêler. J'ai d'autres soucis en tête, heureusement. *(Il est retourné au comptoir, il rince deux ou trois verres.)* Seulement, ça me fait de la peine de voir que tu es en train de devenir comme ta tante Zoé.

FANNY

Je n'ai pas le droit de me marier?

MARIUS

Non, tu n'as pas le droit d'épouser un veuf qui a soixante ans.

FANNY

Pourquoi? Tu sais qu'il a beaucoup d'argent, Panisse. J'aurai une bonne... et il me fait une dot de cent mille francs.

MARIUS

Dis-moi tout de suite que tu te vends.

FANNY

Pourquoi pas?

MARIUS

Fanny, si tu faisais ça, tu serais la dernière des dernières.

FANNY

Quand on a une bonne, elle est encore plus dernière que vous.

MARIUS

Mais ce n'est pas possible, voyons... Fanny, est-ce que tu as pensé à tout?

FANNY

Comment, à tout?

MARIUS

Tu sais bien que quand on se marie, il ne suffit pas d'aller à la mairie, puis à l'église.

FANNY

On commence par là.

MARIUS

Et après?

FANNY

Après, il y aura un grand dîner chez Basso.

MARIUS

Oui, mais après? Quand tu seras seule avec lui?

FANNY

Je verrai bien!

MARIUS

Il faudra que tu te laisses embrasser...

FANNY

Tant pis!

MARIUS

Il t'embrassera sur la bouche, et puis sur l'épaule...

FANNY

Tais-toi, Marius. Ne me parle pas de ces choses...

MARIUS

Il faut en parler maintenant, parce qu'après ce sera trop tard... Fanny, pense aux choses que je ne peux pas te dire... Il va te serrer dans ses bras, ce dégoûtant, ce voyou! *(Il court à la porte et crie.)* O saligaud! *(Une vieille dame qui passait reçoit le mot en pleine figure. Elle pirouette et disparaît. Fanny rit joyeusement.)* Oh! je sais bien pourquoi tu ris, va. Mais ce n'est pas vrai.

FANNY

Qu'est-ce qui n'est pas vrai?

MARIUS

Tu t'imagines que je suis jaloux, n'est-ce pas?

FANNY

Oh! Voyons, Marius... Pour être jaloux, il faut être amoureux.

MARIUS

Justement, et je ne suis pas amoureux de toi.

FANNY

Je le sais bien.

MARIUS

Ce n'est pas parce qu'on a joué aux cachettes qu'on est amoureux.

FANNY

Mais bien sûr, voyons!

MARIUS

Remarque bien, je ne veux pas dire que je te déteste, non ce n'est pas ça. Au contraire, j'ai beaucoup d'affection pour toi. Je viens de t'en donner la preuve. Mais de l'amour? Non. Oh! naturellement, si j'avais voulu, moi aussi, j'aurais pu t'aimer... Jolie comme tu es, ça n'aurait pas été difficile. Mais je n'ai pas voulu... Parce que je savais que je ne pourrais pas me marier. Ni avec toi, ni avec personne.

FANNY

Tu veux te faire moine?

MARIUS

Non, mais je ne peux pas me marier.

FANNY

Pourquoi dis-tu une bêtise pareille?

MARIUS

Oh! Ce n'est pas une bêtise! C'est la vérité...
(Entre Piquoiseau qui lui parle bas à l'oreille.)
Tout de suite?
*(Piquoiseau dit oui de la tête et va s'asseoir à sa
place habituelle.)*

MARIUS

Fanny, veux-tu garder le bar quelques minutes?

FANNY *(nerveuse)*

Et s'il vient des clients?

MARIUS

Tu les serviras...

FANNY

Je ne sais pas les prix.

MARIUS

Tu as un tarif... Tu t'arrangeras à peu près...

FANNY

Bon. Mais tâche de revenir avant 4 heures,
parce que tu sais que je vais goûter chez
Panisse!...

MARIUS

Bon... Je serai de retour dans vingt minutes...

(Il sort en hâte. Fanny reste songeuse. Brusquement, la sirène siffle : les ouvriers qui dormaient au soleil se lèvent et s'en vont, la veste pendue à l'épaule. On entend au loin les coups de marteau des démolisseurs de navires. Le rideau descend.)

RIDEAU

1. pensively
2. hammer, drill

ACTE DEUXIÈME

Le petit bar. Il est 9 heures et demie du soir.

Scène I

CÉSAR, FANNY, LE CHAUFFEUR

César est à la caisse et il compte la recette de la journée. Il a fait de petits rouleaux avec des pièces de 1 et 2 francs, il épingle les billets par liasses et il recolle ceux qui sont en loques. Fanny qui est en train de rentrer ses bourriches, paraît triste. Assis tout seul devant une petite table, le chauffeur du ferry-boat déguste un bock et fume un ninas. Il a mis un complet très clair, avec des souliers vernis.

Sa figure est presque propre. Après chaque gorgée de bière, il aspire fortement en avançant la lèvre inférieure, comme les gens qui sucent leur moustache. Il regarde Fanny, avec une intensité effrayante.

CÉSAR

Dis, gommeux,¹ tu n'as pas vu sortir Marius?

LE CHAUFFEUR

Non, je l'ai pas vu.

(On frappe à la vitre, c'est un client de la terrasse.)

CÉSAR *(derrière le comptoir)*

On y va! *(Cependant, il ne se dérange pas et continue à coller. Au bout d'une minute, on frappe de nouveau.)* Qu'il est pressé, celui-là! *(Il se lève.)* Il faut tout de même y aller. *(Il sort.)*

FANNY *(au chauffeur qui est devant le comptoir)*

Dis donc, est-ce que tu connais cet homme qui est venu chercher Marius tout à l'heure?

LE CHAUFFEUR *(tout rouge)*

Peut-être je l'aurais connu si je l'aurais vu.

1. big shot

FANNY

Il est grand, la figure basanée, tout rasé. Tu ne l'as jamais vu avec Marius?

LE CHAUFFEUR

Non, et je le regrette bien. Ah! oui, je le regrette bien.

FANNY

Pourquoi?

LE CHAUFFEUR *(navré)*

Parce que vous ne me parlez pas souvent, et pour une fois que ça m'arrive, je ne sais pas quoi vous répondre.

FANNY *(elle rit)*

Tu es amoureux de moi? *(Le chauffeur avale sa salive et devient rouge comme une pivoine.)* Eh bien, tu perds ton temps.

(Elle remonte vers son éventaire.)

LE CHAUFFEUR

Ah! je le sais bien, et c'est ça le plus triste. Mais ça n'empêche pas les sentiments...

CÉSAR

(rentre par la baie, une grappe de verres vides dans chaque main, et va derrière son comptoir. Au chauffeur)

Dis donc, Frisepoulet, Panisse est là-bas, devant sa porte, qui fume la pipe. Cours vite lui dire que je l'attends pour boire une bouteille de mousseux.[1]

(Le chauffeur réfléchit fortement, puis il regarde César en faisant la moue et en secouant la tête.)

LE CHAUFFEUR *(convaincu)*

C'est loin.

CÉSAR

Qué, c'est loin? Il y a trente mètres.

LE CHAUFFEUR

Qu'est-ce que vous me donnez si j'y vais?

CÉSAR

Je te donnerai un bon chicoulon de mousseux.

LE CHAUFFEUR

Alors, j'y vais. *(Il se lève, va jusque devant la porte et hurle.)* Panisse! O Panisse! M. César vous offre le champagne!

CÉSAR *(indigné)*

O marrias, tais-toi, que tu vas faire venir tous les soiffeurs du quartier! *(Il cache la bouteille sous la table.)* Tu es si bête que ça? On ne les dit jamais, ces choses-là!

LE CHAUFFEUR

Il vient.

(Un temps. César reprend la bouteille et la débarrasse de ses fils de fer. Le chauffeur prépare trois verres. Entre Panisse par la baie venant de coulisse premier plan jardin. Il est toujours en manches de chemise, la pipe à la bouche, il a des souliers extraordinaires, longs et pointus comme des aiguilles.)

Scène II

CÉSAR, PANISSE, LE CHAUFFEUR, L'AGENT

CÉSAR *(il garde sa main sur le bouchon de la bouteille)*

O Panisse, que tu te fais rare! On ne t'a pas vu depuis hier.

PANISSE *(très digne)*

Puisque tu m'invites, je viens; il serait bien mal poli de te refuser un verre de mousseux.

CÉSAR

Je comprends!

PANISSE *(grave, et presque solennel)*

Mais j'avais juré de ne plus remettre les pieds chez toi, et c'est une promesse que je tiendrai.

CÉSAR

Et pourquoi tu ne veux plus remettre les pieds chez moi?

PANISSE *(sévère)*

Parce que ton fils est un grossier.

CÉSAR

Mon fils est un grossier?

PANISSE

Un véritable grossier.

CÉSAR *(il hausse les épaules)*

Ah vouatt!

PANISSE

Il n'y a pas de vouatt! Et la première fois que je le rencontre, ça sera un coup de pied au derrière.

CÉSAR

Ah vouatt!

PANISSE *(menaçant et cruel)*

Et tu peux remarquer que je ne porte plus les espadrilles. Aujourd'hui, j'ai mis les souliers.

(Il exhibe les souliers. Cette menace précise met César hors de lui-même.)

CÉSAR

Et c'est à moi que tu viens dire ça?

PANISSE *(sévère)*

C'est à toi.

(César descend du comptoir. Le chauffeur veut se mettre entre eux.)

LE CHAUFFEUR

Ayayaïe!

CÉSAR *(il repousse le chauffeur du côté gauche)*

Panisse, si seulement tu touches mon petit,

moi je t'en fous un de coup de pied dans le derrière, qui te fera claquer des dents!

PANISSE *(il ricane)*

C'est à voir...

LE CHAUFFEUR

Ayayaïe!

CÉSAR *(il repousse le chauffeur)*

Non, c'est tout vu. Si seulement tu lèves la main sur Marius tu le regretteras six mois à l'hôpital!

PANISSE *(hésitant)*

César, tu ne me fais pas peur.

LE CHAUFFEUR *(même jeu, il se met au milieu)*

Ayayaïe, Ayayaïe!

CÉSAR *(il repousse le chauffeur)*

Si tu frôles un cheveu de sa tête, ce n'est pas à l'hôpital que tu te réveilles : c'est au cimetière!

PANISSE *(faiblement)*

Tu sais, j'en ai assommé de plus forts que toi!

CÉSAR *(les yeux au ciel)*

Bonne Mère, c'est un meurtre, mais c'est lui qui l'a voulu! *(Le chauffeur s'est mis entre eux. César, les mains largement ouvertes, s'avance vers Panisse pour l'étrangler. Solennel.)* Adieu Panisse!

PANISSE *(il flageole et, d'une voix résignée)*

Adieu César! *(Il tombe sur la première chaise à droite. César l'étrangle. Le chauffeur a bondi jusqu'à la porte et regarde le combat, épouvanté. Soudain une détonation retentit. Le chauffeur disparaît dans la rue. C'est le bouchon du mousseux qui vient de sauter. Panisse râle.)* Le mousseux... Le mousseux.

CÉSAR

O coquin de sort!

(Il lâche Panisse et court derrière le comptoir chercher la bouteille de mousseux. Il la saisit et la bouche avec la paume de sa main. Panisse, qui est remonté devant le comptoir, à droite, a pris les deux verres et les lui tend. César les remplit. Puis il en prend un et boit. Panisse fait de même. Un temps.)

PANISSE *(très naturel)*

Il n'est pas assez frais.

1. flageoler — Tremble

CÉSAR *(il regrette une erreur)*

C'est vrai, il n'est pas assez frais. Je vais en mettre une bouteille dans le puits pour demain.

PANISSE *(il tend de nouveau son verre)*

Mais quand même, il n'est pas mauvais...

(César remplit le verre de Panisse. A ce moment, reparaît le chauffeur. Il n'ose pas entrer, il reste au milieu du trottoir et il désigne le bar à quelqu'un qu'on ne voit pas.)

LE CHAUFFEUR

C'est là!

(Entre un agent de police.)

L'AGENT

Où donc?

CÉSAR

Quoi! Qu'est-ce que vous cherchez?

L'AGENT

La bagarre.

PANISSE

Quelle bagarre?

LE CHAUFFEUR *(qui se rapproche et descend)*

Je croyais que vous vous battiez?

CÉSAR

Qué battiez? Nous parlions!

PANISSE

Ça te regarde, ce que nous disons, petit galapiat?

Good - fu- nothing

CÉSAR *(affectueux)*

Té, Panisse, rends-moi service. Profite que tu as des souliers pointus pour lui donner un coup de pied au cul.

PANISSE
(au milieu de la scène, fait signe au chauffeur d'approcher)

Approche-toi un peu, pour voir!

LE CHAUFFEUR
(Qui bat en retraite derrière la table de gauche, puis prend son verre vide et remonte derrière l'agent)

Et le mousseux, alors?

CÉSAR

Le mousseux n'est pas pour les vipères. Cours te noyer, va!

LE CHAUFFEUR *(dégoûté, repose son verre)*

Té, je vous séparerai plus, et j'irai plus faire vos commissions.

(Il s'enfuit par la baie.)

L'AGENT

Il est venu me dire qu'il avait entendu un coup de feu!

CÉSAR

Qué coup de feu? C'est le bouchon du mousseux qui a pété!

L'AGENT *(lorgne la bouteille)*

Ah! fort bien! Ce doit être un grand vin, pour que son explosion puisse prêter à confusion avec la déflagration d'une détonation. Il a l'air gaillard!

CÉSAR

Je comprends qu'il est gaillard! Dites, vous n'en boirez pas souvent comme celui-là. *(Il a rempli un verre. L'agent tend la main.)* Vous n'en boirez même peut-être jamais.

(César a pris le verre et le boit.)

1. péter — burst
2. lorgner — have eyen

L'AGENT *(il lorgne toujours la bouteille)*

En somme, il ne me reste plus qu'à me retirer?

CÉSAR

Bien sûr!

L'AGENT

Bon. Bon. Bon.

(Il sort, vexé.)

CÉSAR

Tu crois pas, cette petite crapule de chauffeur qui va chercher les gendarmes! *(Ils boivent de nouveau. D'une voix très conciliante.)* Dis, Panisse, si tu rencontres Marius, ne lui donne pas, ce coup de pied.

PANISSE *(affectueux)*

Tu le sais bien, que je ne le donnerai pas. Ce que j'en disais c'était question d'amour-propre... A la tienne.

(Ils boivent.)

CÉSAR

Dis, maintenant soyons sérieux. Qu'est-ce qu'il t'a fait le petit?

1. self-respect

PANISSE

Il m'a provoqué, il m'a reproché d'avoir les cheveux un peu gris, comme si c'était de ma faute !

CÉSAR

Mais toi, tu lui avais dit quelque chose ?

PANISSE *(innocent)*

Rien du tout.

CÉSAR

Voyons, si tu ne lui avais pas cherché dispute, il se serait tenu tranquille !

PANISSE

Et pourquoi je lui aurais cherché dispute ? Je me connais, César, j'ai appris à me méfier de mon caractère, et c'est pour cela que je ne suis pas homme à commencer une querelle qui peut finir par un massacre. Je t'affirme que je ne lui disais rien, absolument rien. Je ne le regardais même pas, et il s'est jeté sur moi.

CÉSAR

Ça tout de même, c'est un peu fort !

PANISSE

Et il a fait un geste comme pour m'étrangler !

CÉSAR *(désespéré)*

S'il s'amuse à étrangler la clientèle maintenant!... Oh!... Il n'y a pas à dire, cet enfant a
quelque chose.

PANISSE

Et quoi?

CÉSAR

Je me le demande. Tu n'as rien remarqué,
toi?

PANISSE

Si. J'ai remarqué qu'il a voulu m'étrangler.

CÉSAR

Mais à part ça, tu n'as rien vu?

PANISSE

Non, je n'ai rien vu, mais, je suis de ton avis :
il a beaucoup changé, ton fils. Il est tout drôle,
tout chose...

CÉSAR

Et pour quelle raison?

PANISSE

Oui, pour quelle raison? *(Un temps.)* Peut-être qu'il fume de l'opion.

CÉSAR

De l'opion?

PANISSE

Eh oui, comme les Chinois, avec un bambou. Ça vous fait devenir fada.

CÉSAR

Oh! mais dis donc, tu as vite fait, toi, de déshonorer les familles! De l'opion!

PANISSE

Remarque, c'est toi qui me demandes mon idée : je cherche, j'étudie...

CÉSAR

Eh bien! moi, je crois que c'est bien plus simple, et bien plus naturel : *(à mi-voix.)* Tu ne saurais pas, par exemple, s'il a une maîtresse?

PANISSE

Ça, je ne sais pas.

CÉSAR

Eh bien, moi, je sens une femme là-dessous, parce qu'il n'y a que l'amour qui puisse rendre un homme aussi bête.

PANISSE (*s'assied*)

Tu ne crois pas, par exemple, qu'il soit amoureux de Fanny?

CÉSAR

Oh! non. Ils se connaissent depuis trop longtemps!

PANISSE

Je te dis ça parce qu'au moment où il s'est rué sur moi, j'étais là, assis à côté de Fanny.

(*Il désigne la banquette de droite.*)

CÉSAR

Je ne vois pas le rapport.

PANISSE

Il a eu peut-être l'idée que je lui faisais la cour.

CÉSAR

Toi? (*Il rit.*) Il est fou, mais pas au point d'être jaloux d'un homme de ton âge.

1- se ruer — to rush, throw oneself

PANISSE *(vexé)*

Qui sait?

CÉSAR

Allons, je te parle sérieusement. Non, il ne s'agit pas de Fanny. Pour moi, il doit connaître en ville une femme qui le fait souffrir, et *(tragique)* j'ai peur que ce soit la femme d'Escartefigue.

PANISSE

Oh! elle en a rendu heureux plus de cinquante, elle ne ferait pas souffrir le fils d'un ami.

CÉSAR

Alors qui est-ce?

PANISSE

Tu devrais interroger Marius.

CÉSAR

Oh! c'est bien ce que je vais faire à la fin. Jusqu'ici, je n'ai pas osé. Marius, quoiqu'il ait vingt-trois ans, je lui donnerais encore des calottes si c'était nécessaire. Mais je n'ose pas lui parler de femmes.

PANISSE

Pourquoi?

CÉSAR

Par un sentiment bien drôle. La pudeur.

PANISSE

Qué pudeur?

CÉSAR

La Pudeur Paternelle.

PANISSE

Tu as des sentiments bien distingués.

(Il se tient le pied gauche à deux mains et tire sur son soulier en faisant des grimaces.)

CÉSAR *(rêveur et digne)*

Si tu étais père, tu serais aussi distingué que moi. *(Panisse se lève, il souffre du pied gauche.)* Qu'est-ce que tu as?

PANISSE *(essaie de marcher)*

La pointe me presse sur mon oignon. Je crois que je ferais mieux de les quitter...

CÉSAR
(s'est approché de lui et se baisse pour examiner les chaussures de Panisse)

Oyayaïe! Coquin de sort, comme ils sont tendus!

PANISSE

C'est ceux de mon mariage.

CÉSAR *(inquiet)*

Je ne sais pas si tu vas pouvoir les enlever...

PANISSE *(optimiste)*

Oh! avec une paire de ciseaux, on peut toujours...
Alors sans rancune, qué?

CÉSAR

Mais, naturellement!

PANISSE
(se dirige vers la baie en passant devant César)

Et ne te fais pas de mauvais sang pour ton fils. Ça lui passera.

CÉSAR

Je vais m'en occuper. A demain, ma vieille Panisse. Et ne fais pas de mauvais rêves.

PANISSE

Risque pas!

(Il sort en riant et en boitant.)

CÉSAR *(sur le seuil de la baie, il crie)*

Et ne vas pas jouer au football avec ces souliers-là, surtout!

(Dix heures sonnent au clocher des Accoules. Puis Honorine surgit dans la lumière de la terrasse.)

Scène III

HONORINE, CÉSAR, MARIUS

HONORINE

Bonsoir César.

CÉSAR *(finit de ranger sa caisse)*

Bonsoir Norine. C'est vous? A dix heures du soir?

HONORINE

Eh oui. C'est mercredi, aujourd'hui. Je vais à Aix, chez ma sœur Claudine, par le train de onze heures... Alors, comme j'étais un peu en avance, je suis passée par ici parce que j'ai quelque chose à vous dire.

CÉSAR

Eh bien, dites-le, Norine.

HONORINE *(gênée)* ~~embarrassée~~

C'est que c'est pas facile.

CÉSAR

Pourquoi?

HONORINE

Je viens vous parler de Fanny.

CÉSAR

Me parler de Fanny?

HONORINE *(mystérieuse)*

De Fanny et de Marius.

CÉSAR *(intéressé)*

De Fanny et de Marius? Alors, asseyez-vous, Norine. Qu'est-ce que vous prenez?

HONORINE

Ce sera un mandarin-citron.

(Elle va s'asseoir.)

CÉSAR *(il prépare deux verres)*

Alors? Fanny et Marius? *(Honorine hésite.)*
C'est si difficile que ça?

HONORINE *(brusquement)*

Enfin, bref, Panisse veut la petite.

CÉSAR *(perplexe)*

Panisse veut la petite. Pourquoi faire?

HONORINE

Pour l'épouser.

CÉSAR *(stupéfait)*

Comment! Panisse veut épouser Fanny?

HONORINE

Il me l'a demandée ce matin.

CÉSAR

Oh! le pauvre fada! Quelle mentalité! Mais il
est fou, ce pauvre vieux?

HONORINE

C'est ce que j'y ai dit. Mais il veut une réponse pour demain.

CÉSAR

Et qu'est-ce qu'elle dit la petite?

HONORINE

Elle dira peut-être oui, si elle ne peut pas avoir celui qu'elle veut.

CÉSAR *(avec finesse)*

Et celui qu'elle veut c'est Marius.

HONORINE *(gênée)*

Tout juste.

CÉSAR

Ayayaïe! Je commence à comprendre le carnage d'hier matin.

HONORINE *(elle se rapproche)*

Figurez-vous que, tout à l'heure, je l'entends qui pleure dans sa chambre. Déjà, cette nuit, il m'avait semblé qu'elle reniflait beaucoup... Alors j'y vais sans faire de bruit et je la trouve allongée sur son lit. « Qu'est-ce que tu as? » Elle me fait : « J'ai la migraine. — Cette nuit aussi,

tu avais la migraine ? — Oui, cette nuit aussi. —
Alors il va falloir te mener au docteur. — Non,
je ne veux pas aller au docteur. » Et elle pleurait
toujours. Alors, je lui dis : « Vé, ma petite
Fanny, je suis ta mère, n'est-ce pas ? Si tu ne le
dis pas à moi, tu ne le diras à personne. Qu'est-
ce que tu as ? — J'ai rien. » Alors, je l'embrasse,
je la menace, je la gronde, je la supplie. Bou
Diou, qué patienço ! Si j'avais fait ça à ma
pauvre mère, d'un viremain, elle m'aurait mis
la figure de l'autre côté.

CÉSAR *(convaincu)*

Ah ! je comprends ! Et alors ?...

HONORINE

Et enfin, bref, à la fin des fins, elle me dit
qu'elle aime Marius et qu'ils se sont parlés hier
au soir.

CÉSAR *(charmé)*

Très bien. Et qu'est-ce qu'il lui a dit ?

HONORINE

Il ne veut pas qu'elle prenne Panisse.

CÉSAR

Bon. Mais lui, Marius, il lui a dit qu'il
l'aimait ?

HONORINE

A ce qu'il paraît qu'il le lui a fait comprendre.

CÉSAR *(clin d'œil malicieux)*

Ah! oui! Il l'a un peu embrassée?

HONORINE

Eh non! Il « le lui a fait comprendre ». Voilà ce qu'elle m'a dit.

CÉSAR

C'est bizarre. Il lui a fait comprendre sans l'embrasser?

HONORINE *(évasive)*

A ce qu'il paraît.

CÉSAR

Enfin, elle vous a dit qu'ils se veulent tous les deux?

HONORINE *(elle explose)*

Marius lui a dit qu'il ne pouvait pas l'épouser!

CÉSAR

Pourquoi?

HONORINE *(violente)*

Il ne veut pas le dire! Ma petite lui a presque demandé sa main, à ce beau monsieur, et il ne répond pas, et il me la fait pleurer sans même dire pourquoi! Dites, César, qu'est-ce que c'est, des manières comme ça? Qu'est-ce qu'il lui faut, à ce petit mastroquet, une princesse?

CÉSAR

Ne vous fâchez pas, Norine! Après tout, peut-être qu'il ne l'aime pas.

HONORINE

Il ne l'aime pas? Il serait le seul à Marseille! Tous les hommes la regardent, et il n'y a que lui qui ne la verrait pas! Et puis, s'il ne l'aime pas, pourquoi est-il jaloux de Panisse!

CÉSAR *(après un temps de réflexion)*

Tout ça n'est peut-être pas difficile à arranger.

HONORINE *(se lève, furieuse)*

Eh bien, tâchez de l'arranger vite, parce que si ma petite continue à pleurer la nuit, moi je fous le feu à votre baraque!

CÉSAR

Hé! doucement, Norine, doucement! Il la

refuse. Eh bien, nous allons l'attendre ici, et puis nous lui demanderons pourquoi.

HONORINE

Ah! non! Pas devant moi!

CÉSAR

Pourquoi?

HONORINE

Je ne veux pas qu'il sache que je suis venue. Parce que, moi je connais les hommes. Si on lui dit que c'est Fanny qui a demandé sa main, elle ne pourra plus jamais lui faire une observation, parce qu'il lui dira : « C'est toi qui m'as demandé, c'est ta mère qui est venue raconter que tu pleurais », exétéra, exétéra... Il finira par la mépriser et ils seront très malheureux.

CÉSAR

Eh bien, je ne le lui dirai pas. Mais alors, elle, il ne faudra pas qu'elle lui parle de Panisse.

HONORINE

Et pourquoi elle lui en parlerait?

CÉSAR

Parce que si vous connaissez les hommes, moi, je connais les femmes. Quand ils seront mariés, à la moindre dispute, elle lui dira : « Et dire que pour toi, j'ai refusé Panisse, un homme qui avait des cent mille francs ! Maintenant, je serais riche j'aurais la bonne et l'automobile », exétéra... exétéra... Et elle le fera mourir à coups de Panisse. Je connais le refrain je l'ai entendu. Ma pauvre femme, elle, c'était un marchand de bestiaux¹ qui l'avait demandée ! Elle m'en a parlé pendant vingt ans ! Vingt ans ! *(Gravement.)* Et pourtant, c'était une femme comme on n'en verra jamais plus.

HONORINE

Écoutez, ne lui dites rien, et je vous promets qu'elle ne parlera jamais de Panisse.

CÉSAR

D'accord.

HONORINE

On trinque ?²

CÉSAR

On trinque.

(Ils trinquent avec une certaine gravité.)

HONORINE

Alors, l'idée de ce mariage vous plaît à vous ?

1. livestock (bétail)
2. Trinquer — drinking clink glasses

CÉSAR

C'est à voir. *(Il va à la porte, soupçonneux.)*
Attention que Marius ne vienne pas nous
écouter. Si l'affaire se faisait, qu'est-ce que vous
lui donneriez, vous, à la petite?

HONORINE

Je lui donnerais l'inventaire de coquillages.
En le faisant tenir par une bonne commise, ça
peut rapporter quarante francs par jour de
bénéfice net.

CÉSAR *(déçu)*

Ce n'est pas beaucoup.

HONORINE *(explosion)*

Vous savez, il y en a qui seraient bien
contents de la prendre sans rien! Nous ne
sommes pas chez les nègres et elle n'est pas
bossue pour que je lui achète un mari!

CÉSAR *(violent)*

Oh! mais, dites, si votre fille n'est pas bossue,
moi, mon petit n'est pas boiteux! Et vous
pouvez chercher sur tout le port de Marseille.
Vous en trouverez peut-être des plus grands et
des plus gros, mais des plus beaux, il n'y en a
pas! Il n'y en a pas! Vous avez beau rire! Il n'y
en a PAS! Et vous savez, ce n'est pas parce que

c'est mon fils : moi, je vous parle impartialement. Il est beau, mon petit... C'est un beau petit...

HONORINE *(sarcastique)*

Alors, parce qu'il est beau, il lui faut la fille de Rochilde?

CÉSAR

Mais non! Il ne s'agit pas de Rochilde! Mais s'ils se marient et qu'ils aient des enfants tout de suite, il leur faut de l'argent!

HONORINE *(attendrie)*

Ah! s'ils ont des enfants, je leur ferai une petite rente tant que j'aurai mon banc à la poissonnerie. Quatre ou cinq cents francs par mois.

CÉSAR

Alors, comme ça, ça peut aller.

HONORINE

Et vous, qu'est-ce que vous lui donnez?

CÉSAR

Moi?... Il continuera à m'aider au bar en attendant que je me retire... Je les logerai ici... il y a de la place; et je lui donnerai quinze cents francs par mois.

HONORINE

Ah! non, César. Il faut que vous lui donniez un peu plus.

CÉSAR

Et qu'est-ce que vous voulez que je lui donne?

HONORINE

Il faut que vous lui donniez... *(Marius paraît sur la porte. Honorine le voit. Elle change de ton et parle au hasard, comme si elle continuait une conversation.)* Deux belles tranches de fiala et une rascasse de deux kilos qui remue encore la queue.

CÉSAR *(stupéfait)*

Que je lui donne une rascasse de deux kilos qui remue la queue?

HONORINE *(elle cligne un œil désespérément)*

Mais oui... Et puis, je vous mettrai des fioupelans, des favouilles et un peu de galinette...

1. remuer — move

CÉSAR *(affolé, d'une voix blanche)*

Dites, Norine... Ne buvez plus, Norine!

(Il va lui prendre son verre.)

HONORINE *(à voix basse)*

Marius...

CÉSAR *(à haute voix)*

Marius? *(Il tourne la tête, il le voit.)* Ah! oui, naturellement. Des fioupelans, un peu de galinette, oui... Et même, vous pouvez mettre une jolie langouste...

MARIUS *(il paraît très agité, très content)*

Tu commandes une bouillabaisse?

CÉSAR

Eh oui, une belle bouillabaisse. Tu arrives enfin!

MARIUS

J'étais allé faire un petit tour et je me suis mis en retard.

CÉSAR

Alors, Honorine, c'est entendu... Demain, nous nous mettrons d'accord là-dessus...

HONORINE

Le plus tôt possible, parce que cette bouilla-
baisse-là, ça n'attend pas... Allons, je vais
prendre mon train. Au revoir, César...

CÉSAR

Au revoir, Norine... A demain...

HONORINE

Bonsoir, Marius...

MARIUS

Bonsoir, Norine...

(Elle sort. Un temps.)

Scène IV

CÉSAR, MARIUS

CÉSAR

Et voilà.

*(Il bâille. Au dehors, passent deux femmes avec
des marins américains.*

*Marius regarde quelque chose qui brille sous la
banquette. Il se baisse, et ramasse un étui à
cigarettes doré.)*

MARIUS

Qu'est-ce que c'est que ça?

CÉSAR

Je crois bien que c'est celui de Panisse. *(Il l'ouvre.)* H.P. Cheval vapeur. C'est ses initiales... Il a dû le perdre pendant la bataille.

MARIUS

Vous vous êtes battus?

CÉSAR

Presque. Je le lui rendrai demain... *(Il bâille.)* Et voilà.

MARIUS

Et voilà. Tu ne vas pas te coucher?

CÉSAR

Pourquoi me dis-tu ça?

MARIUS

Parce que si tu ne dors jamais, tu finiras par te ruiner la santé.

CÉSAR

Merci, Marius. Tu es un bon fils. Je vais y aller. Il est 11 heures. Maintenant, tu peux

fermer, parce que tu ne travailleras guère, et ton
bénéfice serait pour la compagnie d'électricité.

MARIUS

Oui, je vais fermer.

*(Il commence à éteindre la terrasse. Puis il
rentre les chaises pendant la scène suivante et les
met à l'envers au bord des tables. César s'assoit.)*

CÉSAR

Où es-tu allé, ce soir?

MARIUS

Une petite partie de billard à la brasserie
suisse.

CÉSAR

Avec qui?

MARIUS

Des amis...

CÉSAR *(calme)*

Je suis persuadé que ce n'est pas vrai.

MARIUS

Comment? Ce n'est pas vrai?

CÉSAR

Non, ce n'est pas vrai. Tais-toi. N'en parlons plus. J'ai des choses plus sérieuses à te dire.

MARIUS

Quelles choses?

CÉSAR *(se lève)*

Voilà. Un jour ou l'autre, tu finiras bien par te marier?

MARIUS

Moi? Pourquoi?

CÉSAR

Parce que c'est naturel, c'est normal. Dans un commerce, c'est nécessaire. Est-ce que tu es décidé à ne jamais prendre une femme?

MARIUS *(va au comptoir)*

Je n'y ai pas encore pensé.

CÉSAR *(passe)*

Eh bien, c'est peut-être le moment d'y penser.

MARIUS

Pourquoi?

CÉSAR *(lentement)*

Parce que Panisse a demandé Fanny.

MARIUS

Je le sais. Mais je ne vois pas bien le rapport.

CÉSAR

Allons, ne fais pas la bête. Je sais très bien que tu es amoureux de Fanny.

MARIUS

Qui t'a dit ça?

CÉSAR

Mon petit doigt.

MARIUS

Ton petit doigt n'est pas malin.

CÉSAR

Oh! que si. Tu es amoureux de Fanny et la preuve c'est qu'hier matin, tu t'es jeté sur Panisse comme une bête fauve, et que si on ne vous avait pas séparés, tu l'aurais étranglé. Mort. Mort... *(Il montre du doigt le cadavre de Panisse étendu devant le comptoir.)*

MARIUS *(il hausse les épaules)*

Nous nous sommes simplement disputés à propos...

CÉSAR

A propos de quoi?

MARIUS

De je ne sais plus quoi.

CÉSAR

A propos de Fanny. Tu voulais supprimer un rival, voilà tout.

MARIUS

Allons donc!

CÉSAR

Tu n'as pas réfléchi que tu as une autre façon de le supprimer? Tu n'as qu'à demander la main de Fanny.

MARIUS

Tu crois qu'elle accepterait?

CÉSAR

Je le crois.

MARIUS

Tu en as parlé à sa mère?

CÉSAR

Mais non, mais non. Je ne parle jamais à sa mère! Qu'est-ce que tu vas imaginer! Mais je crois qu'elle dirait « oui ».

MARIUS

Peut-être, mais je n'y tiens pas.

CÉSAR

Pourquoi?

MARIUS

Parce que je n'ai pas envie de me marier. Je ne sais pas si je l'aime assez pour ça.

CÉSAR *(calme)*

Marius, tu es un menteur.

MARIUS

Pourquoi?

CÉSAR *(avec violence)*

Parce que tu mens. Tu mens! Tu aimes Fanny. Tu es fou de rage parce qu'un autre va te la prendre et tu refuses de l'épouser? Tu deviens insupportable, à la fin! Si tu es fou, dis-le franchement, je t'envoie à l'asile et on n'en parle plus. Si tu n'es pas fou, si tu as la moindre confiance en ton père, dis-moi ce qui se passe. Il y a une femme là-dessous, hein?

MARIUS *(hésitant)*

Eh bien... oui...

CÉSAR *(triomphal)*

Ha! ha! Nous y voilà. Ha! ha! Je le savais bien! Oh! Je le savais bien! *(Un temps.)* Qui est-ce?

MARIUS *(sans le regarder)*

Ça me gêne de te parler de ces choses-là!

CÉSAR

Moi aussi, ça me gêne horriblement. Mais ça me gêne encore plus de te voir idiot, et je voudrais au moins savoir pourquoi! Qui est cette femme? Tu ne peux pas l'aimer, puisque tu aimes Fanny.

MARIUS *(les yeux baissés)*

J'ai peut-être pitié d'elle.

CÉSAR

Et c'est la pitié qui te rend idiot?

MARIUS *(tout en rinçant des verres)*

Écoute, puisque tu y tiens, je vais te le dire : c'est une femme... que j'ai aimée... et qui m'aime beaucoup... Si je lui disais que je vais me marier, elle souffrirait.

CÉSAR *(il hausse les épaules)*

Oui, elle souffrirait.

MARIUS

Elle se suiciderait peut-être.

CÉSAR *(il fait la grimace)*

Oh! mauvais...

MARIUS

Et peut-être, elle me tirerait un coup de revolver.

CÉSAR

Oh! Affreux. Pas de ça! Pas de ça!

MARIUS

Alors, il faut me laisser du temps... pour la préparer à cette idée. Tu vois que... en somme, c'est très simple.

CÉSAR

C'est simple, oui, c'est simple. Je ne te demande pas de me dire son nom, puisque tu me le diras pas. Mais dis-moi que ce n'est pas Mme Escartefigue.

MARIUS *(il rit)*

Non, ce n'est pas elle.

CÉSAR

Bon. C'est fini. Alors, pour Fanny, qu'est-ce que nous faisons?

MARIUS

Attendons.

CÉSAR

Mais si elle accepte Panisse?

(Il range la recette dans un sac.)

MARIUS

Alors, tant pis.

CÉSAR *(il bâille horriblement)*

Tant pis. Tout de même, il faudra un peu reparler de tout ça demain matin. Donne-moi la caisse. Moi, je sens que je vais y réfléchir toute la nuit.

MARIUS

Tu bâilles beaucoup pour un homme qui va réfléchir...

CÉSAR *(il a pris la caisse)*

Bonsoir petit.

MARIUS

Bonsoir Papa.

(César est sur la première marche de l'escalier tournant. Marius le rappelle avec une certaine timidité.)

MARIUS

Papa !

CÉSAR

Oou ?

MARIUS

Je t'aime bien, tu sais.

CÉSAR *(ahuri)*

Qu'est-ce que tu dis ?

MARIUS

Je t'aime bien.

CÉSAR *(un peu ému et choqué)*

Mais moi aussi, je t'aime bien. Pourquoi me dis-tu ça?

MARIUS

Parce que je vois que tu t'occupes de moi, que tu te fais du souci pour moi. Et alors, ça me fait penser que je t'aime bien.

CÉSAR *(très ému)*

Mais bien sûr, grand imbécile!

MARIUS

Bonsoir papa.

(Il va à lui, il lui tend son front. César l'embrasse gauchement. Puis il le regarde un instant et le prend aux épaules.)

CÉSAR

Bonsoir, mon fils. *(Un petit temps.)* Tu sais, des fois, je dis que tu m'empoisonnes l'existence, mais ce n'est pas vrai.

(Il monte et disparaît. Marius reste seul, il est ému, agité. Il continue à placer les chaises, puis il prend une longue manivelle, l'enfonce dans le mur et commence à baisser le rideau de fer. Soudain. Piquoiseau paraît.)

Scène V

PIQUOISEAU, MARIUS, FANNY, CÉSAR, PANISSE.

PIQUOISEAU

Marius !

MARIUS *(inquiet)*

Il est rentré ?

PIQUOISEAU *(souriant)*

Mais non !

MARIUS

Oh ! comme tu m'as fait peur !

PIQUOISEAU

Et maintenant, il ne rentrera plus. Il n'y a plus de train.

MARIUS

Mais il est peut-être à Marseille, chez une femme.

PIQUOISEAU

Ça m'étonnerait. En tout cas, s'il n'est pas à

bord à minuit, il est déserteur, et tu prends sa place. Tu es prêt?

MARIUS

Viens voir.

(Il prend sous le comptoir un sac de marin.)

PIQUOISEAU

Il est beau! J'en ai eu, des comme ça... J'en ai eu... Laisse-moi l'emporter.

MARIUS

Pas encore... Retourne là-bas surveiller...

PIQUOISEAU

Dès que minuit sonne, je viens te chercher...

MARIUS

Ne fais pas de bruit surtout. *(Il montre le plafond.)*

PIQUOISEAU

N'aie pas peur! On ne le réveillera pas! Il dort là-haut! Hi! Hi! Il dort!

(Il disparaît. Marius ferme la petite porte puis il prépare des lettres. On frappe à la porte. Marius cache ses lettres et se hâte d'aller ouvrir. Fanny entre en disant : « C'est moi! »)

MARIUS

Qu'est-ce qu'il t'arrive?

FANNY

Rien de grave. Est-ce que ma mère s'est arrêtée ici avant de partir pour Aix?

MARIUS

Oui. Elle était là tout à l'heure. Quand je suis arrivé, mon père lui commandait une bouilla-baisse.

FANNY

Et quand elle est partie, il ne t'a rien dit ton père?

MARIUS

Rien d'extraordinaire. Pourquoi?

FANNY

Tu sais, maman parle beaucoup, et elle a une grosse imagination. Et comme Panisse lui a raconté la bagarre d'hier, elle en a fait tout un roman.

MARIUS

Quel roman?

FANNY

Elle m'a dit : « La vérité, c'est que Marius est jaloux de Panisse parce qu'il a des idées sur toi. » Moi, je lui ai dit : « Marius c'est un peu mon frère... Et puis, s'il avait des intentions, il m'en aurait parlé depuis longtemps... » Alors, elle me fait : « Eh bien, moi, avant de dire « oui » à Panisse, je vais en dire deux mots à César, pour savoir à quoi m'en tenir... » Alors je lui dis : « Malheureuse! Surtout ne fais pas ça! De quoi j'aurai l'air? Ce n'est pas aux filles de demander la main des garçons! C'est à eux de parler les premiers! Et puis, si je refuse Panisse, ce n'est pas les partis qui me manquent! Et puis ça c'est des choses personnelles, et je ne veux pas que tu t'en mêles! » Elle me dit : « Bon, bon, bon! » et moi je vais me coucher; je l'entends qui part. Et tout d'un coup je m'aperçois qu'elle est partie une heure plus tôt que d'habitude. C'est pour ça que je me suis rhabillée, et que je suis là. En tout cas, si ton père t'en parle, je veux que tu saches que ce n'est pas moi qui l'ai envoyée.

MARIUS *(gêné)*

Les parents se mêlent souvent de ce qui ne les regarde pas. Et puis, maintenant que tu es la fiancée de Panisse...

FANNY *(elle rit)*

Moi? Jamais de la vie! Ce que tu m'as dit m'a fait réfléchir. Et alors tout à l'heure, en quittant le travail, je suis allée chez lui. Il était dans la salle à manger en train de lire son journal, avec ses grosses lunettes. Il a des meubles superbes... Des carafes habillées en argent. Des tapis épais comme ça... Je lui ai dit que je l'aimais bien, mais que je ne voulais pas me marier avec lui.

MARIUS

Je ne sais pas si tu as eu raison...

FANNY *(inquiète)*

Comment? C'est toi qui m'as conseillé de refuser.

MARIUS *(hésitant et gêné)*

Je trouve que tu es allée un peu vite... et moi, peut-être j'aurais mieux fait de me taire... et de ne pas prendre une pareille responsabilité.

FANNY

Laquelle?

MARIUS

De te faire manquer un beau parti. *(On*

entend un soulier qui tombe sur le plafond.) C'est
mon père qui se couche.

FANNY

Oh! ne sois pas inquiet pour moi, ce ne sont
pas les partis qui manquent...

(On entend le deuxième soulier.)

MARIUS

Panisse, c'était bien, tu sais... Enfin, quand tu
le voudras tu le rattraperas.

FANNY

Tu sais très bien que Victor et Panisse c'était
tout juste pour te faire bisquer.

LA VOIX DE CÉSAR

Marius!

(Marius va au bas de l'escalier.)

MARIUS

Quoi?

CÉSAR

Avec qui tu parles?

MARIUS

Avec personne. Je finis mon travail.

CÉSAR

Alors tu parles tout seul? Tu es somnambule, maintenant? Couche-toi vite. Et jette un coup d'œil sur le troisième tonneau de bière. Je ne sais pas si j'ai bien fermé le robinet.

MARIUS

Oui. Je vais voir, et je me couche tout de suite. *(Marius revient vers Fanny.)* Écoute, Fanny, nous parlerons de tout ça demain... Tu vois, mon père ne dort pas encore, il pourrait descendre. A demain, ma petite Fanny.

FANNY *(blessée)*

Bon. Je m'en vais puisque tu me mets à la porte.

MARIUS

Mais non, Fanny, ne dis pas ça!

FANNY

D'ailleurs, c'est ton droit, tu es chez toi.

MARIUS

Fanny, ne me quitte pas fâchée. Surtout ce soir. Reste encore cinq minutes avec moi.

FANNY

Tu as déjà regardé la pendule. Deux fois. Je vois bien que tu attends quelqu'un!

MARIUS

Je n'attends personne, je t'assure. Viens t'asseoir ici, viens.

FANNY

Tu as quelque chose à me dire?

MARIUS

Oui. *(Elle s'assoit.)* Je veux te parler à propos de Panisse. Je veux te parler comme un frère.

FANNY

Tu n'es pas mon frère.

MARIUS

C'est toi qui me l'as dit tout à l'heure.

FANNY

Des fois on dit des choses, et puis on pense tout le contraire.

MARIUS

En tout cas, moi, je te considère comme ma sœur.

FANNY *(brusquement)*

Je ne veux pas être ta sœur. C'est toi que j'aime, c'est toi que je veux. *(Il s'approche d'elle, qui baisse la tête, il essaie de lui relever le menton. Elle repousse vivement sa main, et se détourne de lui.)* Maintenant que tu me l'as fait dire, sois au moins assez poli pour ne pas me regarder !

MARIUS

Je ne sais plus quoi répondre.

FANNY *(violente)*

Alors, si tu ne m'aimes pas, pourquoi me fais-tu des scènes de jalousie, pour Victor et pour Panisse ? Et le jour de ma première communion, tu m'as dit : « Dans huit ans, je te paierai une autre robe comme celle-là. » Ça fait huit ans maintenant, et tu ne sais pas quoi dire ? Eh bien, moi, je te préviens : si tu ne me veux pas, ou bien je rentre au couvent, ou bien je ferai la fille des rues, là, devant ton bar, pour te faire honte !

MARIUS

Fanny, ma chérie !

FANNY

Pourquoi tu m'appelles ma chérie ?

MARIUS

Parce que je t'aime, et si je pouvais me marier, ça serait avec toi.

FANNY

Pourquoi dis-tu que tu ne peux pas te marier? Parce que tu as une maîtresse? Tu pourrais bien me l'avouer. Pour un garçon, ce n'est pas une honte! Oh! va, j'ai déjà demandé à la fille du café de la Régence!

MARIUS

Qu'est-ce que tu lui as demandé?

FANNY

Si elle était ta bonne amie. Elle m'a juré qu'elle ne te connaît pas, et elle se marie la semaine prochaine, avec un peseur-juré.

MARIUS

Qu'est-ce qu'elle va penser de toi?

FANNY *(se lève)*

Oh! ce qu'elle voudra. Et, maintenant, je vais surveiller le jour et la nuit, et je finirai bien par savoir qui c'est!

MARIUS

Mais ce n'est personne!

FANNY

Allons donc! Tu m'aimes, mais il y a dans ta vie une femme qui te tient d'une façon ou d'une autre... Tu lui as peut-être donné un enfant... Réponds, tu as un enfant?

MARIUS

Mais non, je te le jure!

FANNY

Ou alors, c'est quelque vilaine femme des vieux quartiers et tu as peur d'elle? Peut-être, tu as peur qu'elle se venge sur moi? Dis-moi que c'est ça, Marius?

MARIUS

Mais non, ce n'est pas ça! C'est bien plus bête que ça...

FANNY

Si tu ne veux pas répondre, c'est que tu l'aimes! Tu l'aimes! Elle est donc bien belle, celle-là?

MARIUS

Fanny, je te jure qu'il n'y a pas de femme qui ait de l'importance dans ma vie.

FANNY

Alors, c'est simplement parce que tu ne veux pas de moi. C'est à cause de ma tante Zoé que tu as honte de m'épouser? Tu sais moi, je ne suis pas comme elle! Au contraire!

MARIUS

Je le sais bien.

FANNY

Alors, dis-moi que je ne suis pas assez jolie, ou pas assez riche... Enfin, donne-moi une raison, et je ne t'en parlerai jamais plus.

MARIUS

Si je te le disais, tu ne comprendrais pas, et peut-être tu le répéterais, parce que tu croirais que c'est pour mon bien.

FANNY

Dis-moi ton secret, et je te jure devant Dieu que personne ne le saura jamais!...

MARIUS

Fanny, je ne veux pas rester derrière ce

comptoir toute ma vie à rattraper la dernière
goutte ou à calculer le quatrième tiers pendant
que les bateaux m'appellent sur la mer.

FANNY
(elle pousse un soupir. Elle est presque rassurée)

Ah bon! C'est Piquoiseau qui t'a monté la
tête?

MARIUS

Non... Il y a longtemps que cette envie m'a
pris... Bien avant qu'il vienne... J'avais peut-
être dix-sept ans... et un matin, là, devant le
bar, un grand voilier s'est amarré... C'était un
trois-mâts franc qui apportait du bois des
Antilles, du bois noir dehors et doré dedans, qui
sentait le camphre et le poivre. Il arrivait d'un
archipel qui s'appelait les Iles Sous le Vent...
J'ai bavardé avec les hommes de l'équipage
quand ils venaient s'asseoir ici; ils m'ont parlé
de leur pays, ils m'ont fait boire du rhum de là-
bas, du rhum qui était très doux et très poivré.
Et puis un soir, ils sont partis. Je suis allé sur la
jetée, j'ai regardé le beau trois-mâts qui s'en
allait... Il est parti contre le soleil, il est allé aux
Iles Sous le Vent... Et c'est ce jour-là que ça
m'a pris.

FANNY

Marius, dis-moi la vérité: il y avait une
femme sur ce bateau et c'est elle que tu veux
revoir?

MARIUS

Mais non! Tu vois, tu ne peux pas comprendre.

FANNY

Alors ce sont ces îles que tu veux connaître?

MARIUS

Les Iles Sous le Vent? J'aimerais mieux ne jamais y aller pour qu'elles restent comme je les ai faites. Mais j'ai envie d'ailleurs, voilà ce qu'il faut dire. C'est une chose bête, une idée qui ne s'explique pas. J'ai envie d'ailleurs.

FANNY

Et c'est pour cette envie que tu veux me quitter?

MARIUS

Ne dis pas que « je veux », parce que ce n'est pas moi qui commande... Lorsque je vais sur la jetée, et que je regarde le bout du ciel, je suis déjà de l'autre côté. Si je vois un bateau sur la mer, je le sens qui me tire comme avec une corde. Ça me serre les côtes, je ne sais plus où je suis... Toi, quand nous sommes montés sur le Pont Transbordeur, tu n'osais pas regarder en bas... Tu avais le vertige, il te semblait que tu

allais tomber. Eh bien moi, quand je vois un
bateau qui s'en va, je tombe vers lui...

FANNY

Ça ce n'est pas bien grave, tu sais... C'est des
bêtises, des enfantillages... Ça te passera tout
d'un coup...

MARIUS

Ne le crois pas! C'est une espèce de folie...
Oui, une vraie maladie... Peut-être c'est le
rhum des Iles Sous le Vent que ces matelots
m'ont fait boire... Peut-être qu'il y a de l'autre
côté un sorcier qui m'a jeté un sort... Ça paraît
bête ces choses-là, mais ça existe... Souvent, je
me défends : je pense à toi, je pense à mon
père... Et puis, ça siffle sur la mer, et me voilà
parti! Fanny, c'est sûr qu'un jour ou l'autre je
partirai, je quitterai tout comme un imbécile...
Alors, je ne peux pas me charger de ton
bonheur... Si je te la gâche, ta vie?

FANNY

Si tu ne me veux pas, c'est déjà fait.

MARIUS

Mais non, mais non. Tu es jeune, tu m'ou-
blieras...

1 se charger de - be responsible
for
2 gâcher - bungle, botch up

FANNY

Ça te plairait que je ne t'aime plus? Malheu-
reusement, ce n'est pas possible... Marius,
depuis un quart d'heure nous disons des bêtises.
Finalement tu veux être marin? Eh bien sois
marin! C'est un métier comme un autre.

MARIUS

Oui, mais moi, ce n'est pas comme Escartefigue, ou comme ceux des chalutiers!... Ma folie,
c'est l'Australie, la Chine, les Amériques!... Et
d'être la femme d'un vrai marin, ce n'est pas
une vie...

FANNY

Si tu veux, ce sera la mienne. Je saurai que je
t'attends, tu seras quand même avec moi...

MARIUS

Tu m'aimes tant que ça?

FANNY

Plus que ça.

(*Il la regarde, la prend aux épaules, la serre
dans ses bras, et l'embrasse. Elle le repousse
doucement.*)

FANNY *(elle a peur)*

Nous en reparlerons demain matin... Si je rentre trop tard, les voisins le diront à ma mère... Alors, au revoir... Tu ne m'as pas dit si tu m'aimes.

MARIUS

Je t'aime, c'est la vérité. Quoi qu'il arrive, je t'aime.

(Sur la porte, elle hésite.)

FANNY

Tout d'un coup il me semble que si je te quitte, je ne te verrai plus jamais...

MARIUS

Pourquoi?

FANNY

Je ne sais pas... Jure-moi que demain matin tu seras là. Jure sur le souvenir de ta mère.

MARIUS

Je n'aime pas jurer... Ça porte malheur...

FANNY

Ça porte malheur quand on ne dit pas la
vérité. Tu ne veux pas jurer?

(De la tête, il dit « Non ».)

FANNY *(brusquement)*

Marius, tu pars cette nuit!

MARIUS

Peut-être.

FANNY

Pourquoi peut-être?

MARIUS

Parce que ce n'est pas sûr... Un matelot du
Coromandel, qui était en permission, n'est pas
rentré. S'il n'est pas à bord à minuit, je prends
sa place.

FANNY

Et tu attends qu'on vienne t'appeler?

MARIUS

Oui.

FANNY

Où va-t-il ce bateau?

MARIUS

En Australie.

FANNY

Dans combien de temps reviendras-tu?

MARIUS

C'est un voilier. Il faut compter dix mois.

FANNY *(elle s'accroche à lui)*

Non, pas ce soir. Non... Un peu plus tard, sur un autre bateau... Je t'en supplie, pas aujourd'hui... Reste encore quelques jours...

MARIUS

Maintenant, je suis forcé; s'il ne rentre pas, il faut que je parte.

(La petite porte qui donne sur la terrasse s'ouvre lentement. Fanny s'élance.)

FANNY

Non! Il ne part pas!

(Piquoiseau entre sans bruit. Il secoue triste-ment la tête, et ouvre ses bras, désolé.)

PIQUOISEAU

Il est rentré... Il vient de rentrer...

(Au premier étage, la voix de César retentit.)

CÉSAR

Marius! Qu'est-ce que c'est? Qu'est-ce qui se passe?

(Piquoiseau s'enfuit. Marius referme la porte.)

MARIUS

Je finis de ranger le bar, et maintenant je vais me coucher.

CÉSAR

Qui est-ce qui a ouvert la porte?

MARIUS

C'est moi. On avait oublié des verres à la terrasse...

CÉSAR

C'est de ma faute. Va dormir, maintenant. Bonne nuit!

MARIUS

Bonne nuit papa...

(Ils écoutent le silence puis Fanny parle à voix basse.)

FANNY

Tu vois, c'est le bon Dieu qui ne l'a pas voulu.

(On frappe aux volets. On entend la voix de Panisse.)

PANISSE

O César! C'est moi, c'est Honoré!

(Marius fait signe à Fanny de se taire. Panisse frappe de nouveau et appelle.)

Marius!

(On entend la fenêtre du premier étage qui s'ouvre.)

CÉSAR

Qu'est-ce qu'il y a?

PANISSE

J'ai perdu mon étui à cigarettes en or. Tu l'as pas trouvé?

CÉSAR

Oui. Il est dans le tiroir du comptoir. *(Il ouvre la porte de sa chambre. Marius entraîne Fanny dans la sienne, et referme la porte sans bruit. César l'appelle.)* Marius! Il est allé se coucher et il laisse l'électricité allumée!

(César dans une immense chemise de nuit, descend l'escalier, et va ouvrir la porte à Panisse qui entre. Il passe derrière le comptoir, prend l'étui à cigarettes, et le tend à Panisse.)

PANISSE

Merci, je me faisais du mauvais sang parce qu'il est en or véritable. Dis donc, je t'avais jamais vu en chemise de nuit. Tu es superbe.

CÉSAR

Tu ne dois pas être vilain non plus. On boit la dernière?

PANISSE

Avec plaisir... Et je t'expliquerai pourquoi j'ai fait la bêtise de demander la main de Fanny...

CÉSAR

Et moi, je te raconterai la suicidée de Marius. Mais mettons-nous là-bas et ne parle pas fort, parce que le petit dort.

(Il a pris deux verres et une bouteille, et ils s'installent au fond du bar. Panisse commence à parler très bas. On ne doit entendre qu'un chuchotement, illustré par des gestes, pendant que le rideau descend.)

TEXTE A MIMER PAR PANISSE

Écoute : Je ne voudrais pas que tu me prennes
pour un vieux satyre. Mais mets-toi à ma
place : j'étais veuf, et encore gaillard... Et alors,
belle comme elle est *(il dessine un joli visage, des
seins)* moi, ça m'a affolé! J'aurais dû comprendre qu'elle faisait tout ça pour piquer
Marius *(il montre du doigt la porte de la
chambre)*. Mais qu'est-ce que tu veux...

RIDEAU

ACTE TROISIÈME

Il est 9 heures du soir. Dans le petit café, Escartefigue, Panisse, César et M. Brun sont assis autour d'une table. Ils jouent à la manille. Autour d'eux, sur le parquet, deux rangs de bouteilles vides. Au comptoir, le chauffeur du ferry-boat, déguisé en garçon de café, mais aussi sale que jamais.

Scène I

PANISSE, ESCARTEFIGUE, CÉSAR, LE CHAUFFEUR, M. BRUN

(Quand le rideau se lève, Escartefigue regarde son jeu intensément, et, perplexe, se gratte la tête. Tous attendent sa décision.)

PANISSE *(impatient)*

Eh bien quoi? C'est à toi!

ESCARTEFIGUE

Je le sais bien. Mais j'hésite...

(Il se gratte la tête. Un client de la terrasse frappe sur la table de marbre.)

CÉSAR *(au chauffeur)*

Hé, l'extra! On frappe!

(Le chauffeur tressaille et crie.)

LE CHAUFFEUR

Voilà! Voilà!

(Il saisit un plateau vide, jette une serviette sur son épaule et s'élance vers la terrasse.)

CÉSAR *(à Escartefigue)*

Tu ne vas pas hésiter jusqu'à demain!

M. BRUN

Allons, capitaine, nous vous attendons!

(Escartefigue se décide soudain. Il prend une carte, lève le bras pour la jeter sur le tapis, puis, brusquement, il la remet dans son jeu.)

1. Cracked, flawed
2. s'élancer — rush forth

ESCARTEFIGUE

C'est que la chose est importante! *(A César.)* Ils ont trente-deux et nous, combien nous avons?

(César jette un coup d'œil sur les jetons en os qui sont près de lui, sur le tapis.)

CÉSAR

Trente.

M. BRUN *(sarcastique)*

Nous allons en trente-quatre.

PANISSE

C'est ce coup-ci que la partie se gagne ou se perd.

ESCARTEFIGUE

C'est pour ça que je me demande si Panisse coupe à cœur.

CÉSAR

Si tu avais surveillé le jeu, tu le saurais.

PANISSE *(outré)*

Eh bien, dis donc, ne vous gênez plus! Montre-lui ton jeu puisque tu y es!

CÉSAR.

Je ne lui montre pas mon jeu. Je ne lui ai donné aucun renseignement.

M. BRUN

En tout cas, nous jouons à la muette, il est défendu de parler.

PANISSE *(à César)*

Et si c'était une partie de championnat, tu serais déjà disqualifié.

CÉSAR *(froid)*

J'en ai vu souvent des championnats. J'en ai vu plus de dix. Je n'y ai jamais vu une figure comme la tienne.

PANISSE

Toi, tu es perdu. Les injures de ton agonie ne peuvent pas toucher ton vainqueur.

CÉSAR

Tu es beau. Tu ressembles à la statue de Victor Gelu.

ESCARTEFIGUE *(pensif)*

Oui, et je me demande toujours s'il coupe à
cœur.

*(A la dérobée, César fait un signe qu'Escarte-
figue ne voit pas, mais Panisse l'a surpris.)*

PANISSE *(furieux)*

Et je te prie de ne pas lui faire de signes.

CÉSAR

Moi je lui fais des signes? Je bats la mesure.

PANISSE

Tu ne dois regarder qu'une seule chose : ton
jeu. *(A Escartefigue.)* Et toi aussi!

CÉSAR

Bon.

(Il baisse les yeux vers ses cartes.)

PANISSE *(à Escartefigue)*

Si tu continues à faire des grimaces, je fous
les cartes en l'air et je rentre chez moi.

M. BRUN

Ne vous fâchez pas, Panisse. Ils sont cuits.

ESCARTEFIGUE

Moi, je connais très bien le jeu de la manille, et je n'hésiterais pas une seconde si j'avais la certitude que Panisse coupe à cœur.

PANISSE

Je t'ai déjà dit qu'on ne doit pas parler, même pour dire bonjour à un ami.

ESCARTEFIGUE

Je ne dis bonjour à personne. Je réfléchis à haute voix.

PANISSE

Eh bien! réfléchis en silence... *(César continue ses signaux.)* Et ils se font encore des signes! Monsieur Brun, surveillez Escartefigue, moi, je surveille César.

(Un silence. Puis César parle sur un ton mélancolique.)

CÉSAR *(à Panisse)*

Tu te rends compte comme c'est humiliant ce que tu fais là? Tu me surveilles comme un tricheur. Réellement, ce n'est pas bien de ta part. Non, ce n'est pas bien.

PANISSE *(presque ému)*

Allons, César, je t'ai fait de la peine?

CÉSAR *(très ému)*

Quand tu me parles sur ce ton, quand tu
m'espinches comme si j'étais un scélérat... Je ne
dis pas que je vais pleurer, non, mais morale-
ment, tu me fends le cœur.

PANISSE

Allons César, ne prends pas ça au tragique!

CÉSAR *(mélancolique)*

C'est peut-être que sans en avoir l'air, je suis
trop sentimental. *(A Escartefigue.)* A moi, il me
fend le cœur. Et à toi, il ne te fait rien?

ESCARTEFIGUE *(ahuri)*

Moi, il ne m'a rien dit.

CÉSAR *(il lève les yeux au ciel)*

O Bonne Mère! Vous entendez ça!

*(Escartefigue pousse un cri de triomphe. Il vient
enfin de comprendre, et il jette une carte sur le
tapis. Panisse la regarde, regarde César, puis se
lève brusquement, plein de fureur.)*

PANISSE

Est-ce que tu me prends pour un imbécile ?
Tu as dit : « Il nous fend le cœur » pour lui faire
comprendre que je coupe à cœur. Et alors, il
joue cœur, parbleu !

(César prend un air innocent et surpris.)

PANISSE *(il lui jette les cartes au visage)*

Tiens, les voilà tes cartes, tricheur, hypocrite !
Je ne joue pas avec un Grec ; siou plus fada qué
tu, sas ! Foou pas mi prendré per un aoutré ! *(Il
se frappe la poitrine.)* Siou mestré Panisse, et
siès pas pron fin per m'aganta !

*(Il sort violemment en criant : « Tu me fends le
cœur. » En coulisse, une femme crie : « Le Soleil !
Le Radical ! »)*

Scène II

M. BRUN, CÉSAR, ESCARTEFIGUE

M. BRUN

Cette fois-ci, je crois qu'il est fâché pour de
bon.

CÉSAR *(catégorique)*

Eh bien, tant pis pour lui, il a tort.

M. BRUN

Il a eu tort de se fâcher, mais vous avez eu tort de tricher.

CÉSAR *(sincère)*

Si on ne peut plus tricher avec ses amis, ce n'est plus la peine de jouer aux cartes.

ESCARTEFIGUE *(charmé)*

Surtout que c'était bien trouvé, ce que tu as dit.

LA FEMME *(entrant leur proposer des journaux)*

Le Soleil... Le Radical...

(Ils prennent chacun un journal.)

CÉSAR

Tant pis, tant pis! Oh! il ne faut pas lui en vouloir... Depuis quinze jours, il n'est plus le même. Depuis que Fanny lui a dit « non ».

M. BRUN

Il vous en veut un peu, parce que si elle a dit non, c'est à cause de Marius.

ESCARTEFIGUE

Il devrait bien comprendre que Marius et Fanny, c'est une jolie paire.

M. BRUN

Je croyais même que c'était pour ne pas lui faire de peine que vous n'aviez pas encore annoncé les fiançailles.

CÉSAR

Oh! non, ça n'a aucun rapport. Ils ne sont pas encore fiancés parce qu'ils n'en ont pas encore parlé à leurs parents.

M. BRUN

Pourtant, ils se regardent toute la journée, et d'une façon qui ne trompe personne.

CÉSAR

Bien sûr, ça finira par une noce. Mais pour le moment, ils n'ont rien dit, ni à Honorine, ni à moi. Allez, on boit la dernière et on fait une manille aux enchères à trois, pour savoir qui paiera les consommations?

ESCARTEFIGUE

Ça va.

(*César bat les cartes et fait couper M. Brun. Fanny qui depuis un moment refermait son éventaire entre dans le bar.*)

Scène III

FANNY, CÉSAR, ESCARTEFIGUE, M. BRUN, MARIUS

FANNY

Bonsoir, César.

CÉSAR

Tu vas déjà te coucher?

FANNY

Oh! non. Je vais accompagner ma mère à la gare.

CÉSAR

Tu es une bonne fille.

ESCARTEFIGUE

Trente.

M. BRUN

Trente et un, sans voir.

CÉSAR

Trente-deux.

ESCARTEFIGUE

Trente-trois.

FANNY

Marius est déjà parti ?

CÉSAR

Non. Qu'est-ce que tu lui veux ?

FANNY

C'est pour qu'il m'aide à rentrer mes paniers d'huîtres.

CÉSAR

Je crois qu'il s'habille pour sortir. Trente-cinq.

ESCARTEFIGUE

Quarante.

M. BRUN

C'est bon.

CÉSAR

C'est bon.

ESCARTEFIGUE

A trèfle.

(Pendant ces répliques, Fanny est allée près de la porte de la chambre de Marius.)

FANNY

Marius !

MARIUS

Bonsoir Fanny.

(La porte s'ouvre, paraît Marius. Il est en bras de chemise. Il a une superbe ceinture en peau de daim.)

Scène IV

ESCARTEFIGUE, FANNY, MARIUS, CÉSAR, M. BRUN

ESCARTEFIGUE

Et un tour d'atout !

(Il joue.)

FANNY

Tu viens m'aider à rentrer mes paniers ?

MARIUS

Tout de suite.

ESCARTEFIGUE

Manille de carreau.

CÉSAR

O Bonne Mère! Le manillon sec! O Bonne
Mère! il n'y a donc personne, là-haut? Eh! non.
Il n'y a personne.

*(Marius met son pied sur une chaise et rattache
les lacets de ses chaussures.)*

FANNY

Tu vas te promener?

MARIUS

Oui, comme d'habitude, tous les soirs.

FANNY *(à voix basse)*

Ce soir à 10 heures?

MARIUS *(même jeu)*

Sûrement.

*(Ils sortent tous les deux et rentrent bientôt en
portant à deux un gros panier d'huîtres.)*

FANNY

Celui-là, je ne le descends pas à la cave. Laissons-le là. Eh bien merci, Marius, à demain.

MARIUS

A demain. Bonsoir, Fanny. *(A voix basse.)* Attention que ta mère ne manque pas le train.

FANNY

Je l'accompagne à la gare.

MARIUS

Ça va.

FANNY

Bonsoir, messieurs.

ESCARTEFIGUE

Bonsoir, Fanny.

M. BRUN

Bonsoir, mademoiselle Fanny.

(Elle sort.)

ESCARTEFIGUE *(à Marius)*

Elle est jolie comme un cœur, cette petite. Pas vrai, Marius?

MARIUS

Oui, elle est très jolie.

(Il disparaît dans sa chambre.)

Scène V

CÉSAR, M. BRUN, ESCARTEFIGUE

CÉSAR

Si elle savait où il va ce soir, elle se ferait de la bile, la petite Fanny.

M. BRUN

Ah bah! Pourquoi?

CÉSAR *(à voix basse)*

Parce que Monsieur va voir sa maîtresse. Oui, sa vieille maîtresse... Et je soupçonne que c'est pour ça qu'il n'est pas pressé de se fiancer.

ESCARTEFIGUE

Oh! qué brigand!

CÉSAR

Monsieur s'habille pour aller passer la nuit chez une femme. Son jour, c'est le Mercredi.

1. anger

M. BRUN

Qu'en savez-vous?

CÉSAR

Vous allez voir le coup, tout à l'heure il va sortir et me dire : « Bonsoir, papa » et il s'en ira. Mais après, nous n'aurons qu'à écouter à la porte de sa chambre. Il fait le tour par la petite rue, il rentre dans sa chambre par la fenêtre, et *(Il montre la porte.)* il vient fermer cette porte à clef en dedans.

ESCARTEFIGUE

Et pourquoi faire?

CÉSAR

Pourquoi faire? Gros malin! C'est moi qui le réveille tous les matins à huit heures... Si la porte est fermée à clef en dedans, je m'imagine qu'il est rentré et qu'il dort, et je ne puis pas aller le vérifier...

M. BRUN

C'est très bien imaginé.

CÉSAR

Oh mais dites il est pas bête mon fils! Quand il arrive le matin, il rentre par la fenêtre et il vient comme un homme qui s'éveille. Seule-

ment je m'en suis aperçu depuis deux
semaines...

M. BRUN

Et comment?

CÉSAR

Parbleu! Un jeudi matin, moi aussi j'ai fait le
tour par la petite rue, et je suis allé voir par la
fenêtre. Je ne lui ai encore rien dit, mais je
m'amuse à le surveiller.

*(A ce moment, l'extra rentre à toute vitesse, en
portant à bout de bras un plateau chargé de
bouteilles, avec des gestes d'équilibriste.)*
Eh! l'Américain, fais attention au matériel.

*(L'extra pose son plateau et va s'asseoir à la
caisse.)*

ESCARTEFIGUE

Dis César, qui est-ce la maîtresse de Marius?

CÉSAR

Je sais pas. *(Escartefigue bat les cartes.)* Nous
n'en avons parlé qu'une fois, mais sans détails.
D'ailleurs, je suis à peu près fixé et je suis sûr
que c'est une femme de navigateur.

1. why, of course

ESCARTEFIGUE

Pourquoi?

CÉSAR

D'abord, parce qu'il va passer la nuit entière. C'est donc que le mari n'y couche pas tous les soirs.

M. BRUN

Oui, évidemment. *(Il regarde ses cartes.)* Trente-deux.

ESCARTEFIGUE

Trente-cinq.

CÉSAR

Quarante. Et ensuite tout le monde sait bien que c'est dans la marine qu'il y a le plus de cocus.

ESCARTEFIGUE

Comment?

CÉSAR

Je dis : « C'est dans la marine qu'il y a le plus de cocus! » Quarante. *(Escartefigue se lève, il lâche les cartes.)* Qu'est-ce qui te prend? Je t'ai blessé? Je te demande pardon.

ESCARTEFIGUE *(solennel)*

A qui demandes-tu pardon? Au marin, ou au cocu?

CÉSAR *(conciliant)*

A tous les deux.

ESCARTEFIGUE *(furieux)*

Et tu crois qu'il suffit de s'excuser en souriant?

CÉSAR

Allons, Félix, ne te fâche pas! Je ne te reproche pas d'être cocu, je sais bien que ce n'est pas de ta faute. Et puis, tout le monde le sait...

ESCARTEFIGUE *(indigné)*

M. Brun ne le savait pas.

M. BRUN

Hum.

CÉSAR

Mais si, il le savait, nous en avons parlé! N'est-ce pas, Monsieur Brun?

M. BRUN

Hum.

ESCARTEFIGUE

Que je sois cocu, ce n'est pas impossible, et ça n'a d'ailleurs aucune importance. Et puis, moi, tu peux m'injurier, m'escagasser la réputation, je m'en fous. Mais je te DÉFENDS d'insulter la Marine Française. Et après la phrase que tu viens de prononcer, je ne puis plus faire la partie avec toi.

CÉSAR

Voyons Félix, écoute...

ESCARTEFIGUE

Je n'écoute rien. Je me présenterai ici demain matin pour recevoir tes excuses. Bonsoir Monsieur Brun.

M. BRUN

Allons capitaine...

ESCARTEFIGUE

N'insistez pas, monsieur Brun.

CÉSAR

Mais si tu veux des excuses, je te les fais tout de suite.

1. escagasser

ESCARTEFIGUE

Non, j'exige des excuses réfléchies... Il faut que tu te rendes compte de la gravité de ce que tu as dit.

CÉSAR

C'est une phrase en l'air! Je n'ai jamais eu l'idée d'insulter la marine française. Au contraire, je l'admire, je l'aime...

ESCARTEFIGUE
(sur la porte, avec une grande noblesse)

Il se peut que tu aimes la marine française, mais la marine française te dit m...

(Il disparaît.)

Scène VI

CÉSAR, M. BRUN, MARIUS

CÉSAR

Comme il est susceptible!

M. BRUN

Et voilà encore une partie qui ne finira pas.

1. exiger — require

CÉSAR

Et c'est pas gentil ce qu'ils vous ont fait.

M. BRUN

A moi? Quoi?

CÉSAR

Ils se sont arrangés pour vous laisser les consommations.

M. BRUN

Pardon. Pour *nous* laisser les consommations.

CÉSAR

Nous, oui, peut-être... Si on les faisait à l'écarté?

M. BRUN

Il est bien tard, et je n'ai pas encore dîné.

CÉSAR

Un tout petit écarté des familles en cinq points... Allez... allez...

M. BRUN

Allons-y.

(*César bat les cartes. Marius sort de sa chambre, tout prêt.*)

CÉSAR

Eh bien, petit, tu vas faire un tour?

MARIUS

Oui, je vais passer la soirée au cinéma.

CÉSAR

Bon. Que tu es beau! Approche. Tu as un beau costume. Tu as de l'argent?

MARIUS

J'ai ce qu'il me faut.

CÉSAR

Amuse-toi bien. Et ne rentre pas trop tard, qué?

MARIUS

Minuit... Une heure... Bonsoir papa, Bonsoir, monsieur Brun.

M. BRUN

Bonsoir, Marius.

CÉSAR

Bonsoir, petit. *(Marius sort.)* Vous allez entendre la clef tout à l'heure... Je tourne le roi.

M. BRUN

Ça commence bien.

(Il jette une carte sur le tapis.)

CÉSAR

Je prends avec la dame. *(Il joue à mesure qu'il annonce.)* L'as, le roi, le valet, le dix, et c'est trois pour moi. A vous de faire, monsieur Brun.

M. BRUN

A moi. *(Il donne, César prête l'oreille.)* Il n'est pas encore là?

CÉSAR *(il regarde son jeu)*

Vous allez entendre la clef. J'en demande.

M. BRUN

Je refuse.

CÉSAR

Ah! oh! *(Il joue une carte.)*

M. BRUN *(il joue)*

Atout, atout, atout, un as, et le dix de pique! Et ça fait deux pour moi.

CÉSAR *(il prête l'oreille)*

Le voilà. Approchez-vous. *(M. Brun se lève et vient sur la pointe des pieds près de la porte. Ils écoutent tous deux en souriant, comme des conspirateurs. A voix basse.)* Vous l'entendez?

M. BRUN *(de même)*

Il a des souliers qui craquent.

CÉSAR

Chut! Allez le lui dire!... *(Il tourne la tête vers l'intérieur du bar et parle à très haute voix, comme s'il jouait aux cartes.)* Atout, atout, et la dame de cœur! Dites quelque chose bon Dieu!

(Il fait signe à M. Brun de l'imiter.)

M. BRUN

Il me reste l'as de pique et un carreau maître.

(Silence. On entend la clef qui tourne très doucement dans la serrure. César rit sans bruit.)

CÉSAR

Il va donner encore un tour! *(La clef tourne pour la seconde fois. Puis le silence.)* Et le voilà parti! Ah! le coquin!

(Ils sont retournés devant la table de jeu.)

CÉSAR

A moi la donne! *(Il donne les cartes.)* C'est égal!... Ayez donc des enfants! Vingt-quatre ans! Et il découche! Et ça me fait quelque chose! Et je tourne... le roi!

M. BRUN

Encore?

CÉSAR

Mon cher, j'aime mieux vous prévenir tout de suite : je tourne le roi à tous les coups.

M. BRUN

Cela pourrait sembler singulier.

CÉSAR

Ce n'est pas singulier, mais c'est difficile.

M. BRUN

Alors... vous avouez que vous trichez?

CÉSAR *(évasif)*

Peut-être, mais comme vous ne le verrez jamais, le coup est régulier.

M. BRUN *(riant)*

Dans ces conditions, je préfère payer les consommations tout de suite.

CÉSAR

Si vous voulez : *(il compte les bouteilles rangées sur le sol autour de lui)* 4 + 5 + 6 + 6, ça fait 21 francs tout juste.

M. BRUN

Voilà. Et voilà 2 francs pour l'extra.

CÉSAR
(il désigne l'extra qui ronfle sur le comptoir)

Je les lui donnerai quand il s'éveillera. A demain, Monsieur Brun, et bon appétit.

M. BRUN

A demain !

(Il sort. César, sur la porte, le regarde partir puis le rappelle en criant à tue-tête : « Monsieur Brun ! »)

M. BRUN *(au loin)*

Oui !

CÉSAR

Ne le dites à personne qu'Escartefigue est cocu. Ça pourrait se répéter ! *(Il revient vers les cartes. Il bâille, puis il prend les cartes, les bat en pensant à autre chose. Il murmure.)* Sacré

Marius, va! *(Puis il s'assoit devant la table.)* Si je me faisais une réussite?

(Et tranquillement, il aligne les cartes sur le tapis et commence la réussite, pendant que le rideau descend.)

RIDEAU

ACTE QUATRIÈME

Le bar, à 8 heures du matin.
Dehors, sur la terrasse, au soleil, Escartefigue,
Panisse et le chauffeur qui regardent vers la droite.
Dans le bar, M. Brun, qui trempe un croissant
dans son café au lait. Au fond, César se rase,
presque sur le trottoir, avec un énorme rasoir. Il a
suspendu un petit miroir aux montants qui, en
hiver, soutiennent les vitres.

Scène I

ESCARTEFIGUE, PANISSE, LE CHAUFFEUR; M. BRUN, CÉSAR, PIQUOISEAU

ESCARTEFIGUE *(il rit)*

Et ils n'arrivent pas à le faire descendre!

M. BRUN

Qui ça?

CÉSAR

Piquoiseau. Il s'était caché dans la soute au charbon de la Malaisie, pour partir avec eux, mais on l'a vu...

ESCARTEFIGUE

Ils lui ont fait la chasse sur le pont, et maintenant le voilà quillé sur la vergue de misaine!

CÉSAR *(il se savonne à nouveau)*

Il a profité du discours du maire pour monter à bord par les chaînes de l'ancre.

M. BRUN

Et à propos de quoi le maire a-t-il fait un discours?

ESCARTEFIGUE *(méprisant)*

On se le demande!

CÉSAR

A 7 heures, la Malaisie est venue se mettre à quai devant la mairie. Sur le pont, il y avait tout l'équipage en blanc, le maire est venu sur le balcon avec plusieurs conseillers et il a fait un discours, que je vous dis que ça! C'était superbe!

PANISSE

Et à ce qu'il paraît que quand il sortira du port toutes les sirènes vont sonner, parce que c'est un des derniers grands voiliers.

M. BRUN

Et aussi à cause des savants qui sont à bord.

CÉSAR *(sur un ton de doute)*

Oh! des savants!

M. BRUN

Mais oui, des savants.

CÉSAR *(sceptique)*

J'en ai vu passer quatre, ce matin. Des hommes de trente-cinq ans, sans barbe, sans lunettes, ils n'avaient pas l'air plus savants que moi.

ESCARTEFIGUE *(avec un mépris souverain)*

Ils n'avaient pas l'uniforme!

M. BRUN *(joyeux)*

C'est tout dire !

ESCARTEFIGUE

Tiens, ils se mettent sous pression. Ils pourront partir dans une heure.

LE CHAUFFEUR *(il regarde le bateau)*

Cette fois, ils l'ont bien...

ESCARTEFIGUE

Et il se débat...

LE CHAUFFEUR

On l'attache avec une corde... *(A ce moment, le chauffeur du ferry-boat est au comble de la joie.)* Ils vont le débarquer avec la grue !

ESCARTEFIGUE

César, regarde moi ça !

(César et M. Brun courent à la terrasse. On entend au loin des rires et des cris. Tous regardent en l'air en riant.)

LE CHAUFFEUR *(il crie, la tête renversée en arrière)*

A Gonfaron, les ânes volent !

ESCARTEFIGUE

O Piquoiseau! C'est le moment de piquer les oiseaux!

(A ce moment, on entend, aérienne et étranglée, la voix de Piquoiseau.)

LA VOIX

Assassins!

L'ÉQUIPAGE *(invisible)*

Bravo!

LE CHAUFFEUR

Tiens-toi aux branches!

LA VOIX

Sauvages! Vous êtes des sauvages!

(Le cercle de la terrasse s'élargit. On voit paraître au ras de la tente deux pieds énormes et noirs qui s'agitent désespérément. Puis tout le corps de Piquoiseau, qui écume! Il porte sous son bras sa lunette aplatie² et tordue,³ il serre sur son cœur un petit voilier démâté. Il est affreusement noir de charbon. Il touche terre au milieu des rires et des bravos de l'équipage invisible. Il défait le nœud coulant, montre le poing au navire et s'enfuit.)

1. écumer — foam, froth
2. aplati — to flatten
3. tordre — to twist, distorted

15

M. BRUN

Pauvre homme!...

ESCARTEFIGUE

Bien fait!

PANISSE

Pourquoi dis-tu que c'est bien fait?

ESCARTEFIGUE

Ça serait trop commode s'il suffisait de se cacher dans la soute au charbon pour devenir un marin!

PANISSE *(brusquement)*

D'abord toi, ne parle plus de marine, parce que tu commences à m'énerver.

ESCARTEFIGUE *(ahuri)*

Et pourquoi s'il te plaît?

PANISSE

Parce que ton bateau c'est pas un bateau. C'est un flotteur et rien d'autre. Tu es un capitaine de bouée, voilà ce que tu es.

ESCARTEFIGUE *(ahuri à César)*

Tu entends ça?

CÉSAR *(il referme son rasoir)*

Au fond, c'est presque vrai! Ton ferry-boat, c'est une bouée qui a une hélice.

ESCARTEFIGUE

Il en a même deux.

PANISSE

Justement. Un bateau qui a une hélice à chaque bout, c'est un bateau qui marche toujours à reculons. Il n'a pas d'avant ton bateau. Il a deux culs, et toi ça fait trois!

(Il disparaît, les mains dans les poches, la tête baissée.)

M. BRUN

Dites donc, capitaine, je crois qu'il vous met en boîte.

ESCARTEFIGUE

Oh! il vaut mieux en rire.

M. BRUN

Et c'est ce que vous faites?

ESCARTEFIGUE *(sinistre)*

C'est ce que je fais! J'en ris! J'en ris!

(Il sort avec une grande dignité.)

Scène II

CÉSAR, M. BRUN

CÉSAR

Il ne fait pas beaucoup de bruit quand il rit. *(On entend des fanfares.)* C'est beau la musique !

(Il bâille horriblement.)

M. BRUN

Vous avez déjà sommeil ?

CÉSAR

Mon cher, je suis ici depuis 3 heures du matin, et je vous déclare qu'il va être bientôt 9 heures ! Et vers dix heures il faut que je sois à la réunion du Syndicat des Débitants de Boissons.

M. BRUN

Pourquoi faire ?

CÉSAR

Pour protester.

M. BRUN

Contre quoi?

CÉSAR

Ça, je ne saurais pas vous le dire. Mais enfin, tous les ans, nous protestons, et il faut absolument que j'y sois, et que je proteste.

M. BRUN

Votre fils n'est pas là?

CÉSAR

Oui, mais il doit encore dormir. Je vais l'appeler. *(Il s'approche de la porte de la chambre et crie.)* Marius! O Marius, grand feignant, de quoi tu rêves?

M. BRUN

De ses amours!

CÉSAR

Marius, 9 heures! *(Silence.)* Il faut que j'aille lui tirer la couverture. *(Il essaie d'ouvrir la porte, mais elle est fermée à clef.)* Fermée à clef! Ho, ho, ça y est! Dites, Monsieur Brun, vous connaissez la manœuvre, il a encore découché.

M. BRUN

Il est peut-être allé faire un tour sur le quai?

CÉSAR

Allons donc! Il est chez sa galante, voilà tout.
L'autre soir vous l'avez entendu sortir. Cette
fois, vous allez voir le retour : une vraie scène
de comédie!

M. BRUN

Pourquoi?

CÉSAR

Il revient par la fenêtre, il se décoiffe et puis
il entre ici, comme quelqu'un qui se réveille, en
faisant les petits yeux, et il s'étire et il bâille et il
dit : « Bonjour, quelle heure est-il, papa? »

M. BRUN *(il se lève)*

Je regrette de ne pouvoir y assister, mais le
Paul Lecat est en train d'accoster au môle B, et
je crains que ma responsabilité ne soit engagée
en mon absence. Marquez-moi un café et deux
croissants.

CÉSAR

Entendu... Vous venez faire une petite
manille dans la soirée?

M. BRUN

Oui, mais pas un écarté!

CÉSAR

Au revoir, Monsieur Brun. *(Il sort. César reste seul un instant. Il bâille. Il rêve. Il va jusqu'à la porte et il s'étire.)* O Marius, tu dis que tu as pitié d'elle! Mais depuis hier au soir tu as eu le temps d'avoir pitié et à neuf heures tu devrais bien avoir pitié de ton père qui ne peut plus ouvrir les yeux.

Scène III

CÉSAR, HONORINE

(César s'installe sur la chaise longue et fait des efforts pour ne pas s'endormir. Soudain, entre Honorine. Elle est toute pâle et très agitée. Elle porte à la main une ceinture d'homme en peau de daim.)

HONORINE

César!

CÉSAR *(il tressaille)*

Quoi?

HONORINE *(elle lui met la ceinture sous le nez)*

Regardez ça!

CÉSAR

Qu'est-ce que c'est?

HONORINE

Vous la reconnaissez, cette ceinture?

CÉSAR *(il regarde un instant)*

Ça ressemble à celle de Marius. *(Il voit qu'elle pleure. Il s'affole.)* Qu'est-ce qu'il y a? Un accident?

HONORINE *(elle crie)*

Risque pas qu'il lui arrive rien, à ce voyou! *(Elle pleure.)* Et encore, j'aime mieux que ce soit lui qu'un autre! César, il faut les marier tout de suite!

CÉSAR

Voyons, Honorine, ne pleurez pas comme ça! Qu'est-ce qu'il y a?

HONORINE *(à elle-même)*

Ah! mon Dieu! Quelle surprise! Hier soir, j'étais partie pour Aix, comme tous les mercredis...

CÉSAR *(frappé)*

Vous allez à Aix tous les mercredis?

HONORINE

Oui, chez ma sœur.

CÉSAR

Ayayaïe!

HONORINE

Et au lieu de revenir par le train de 10 heures, comme d'habitude j'ai profité de l'automobile de M. Amourdedieu que j'avais rencontré sur le Cours... J'arrive à 7 heures; je vais droit à la maison... Sur la table, qu'est-ce que je vois? Deux petits verres, une bouteille de liqueur, et sur une chaise, cette ceinture...

CÉSAR *(il sourit)*

Ayaayaïe! J'aurais jamais pensé à ça! Mais enfin, une ceinture ça ne veut rien dire. Et puis?

HONORINE *(elle se mouche)*

Quand je vois ça, le sang me tourne... Je vais jusqu'à la chambre de Fanny, je pousse la porte... Ah! brigand de sort! Sainte Mère de Dieu, qu'est-ce que je vous ai fait? Ma pit-chouno couchado émè un hommé, aquéou brigand de Marius, aquéou voulur...

CÉSAR

Qu'est-ce qu'ils ont dit?

HONORINE

Ils ne m'ont pas vue, ils ont rien pu dire. Ils dormaient... J'ai eu tellement honte que je suis partie sans faire de bruit.

CÉSAR *(souriant malgré lui)*

Marius, ô Marius, qu'est-ce que tu as fait là, vaï?

HONORINE

Elle a dix-huit ans, César! Dix-huit ans! Elle finira comme sa tante Zoé!

CÉSAR

Ne me dites pas ça, Norine, parce que ça ne m'encourage guère à donner mon consentement... Allons, ne vous faites pas tant de mauvais sang. Après tout, il vaut mieux ça que si elle s'était cassé la jambe.

HONORINE *(elle gémit)*

Qui l'aurait dit! Une petite Sainte-N'y-Touche, qui faisait la pudeur, qui faisait l'enfant!

CÉSAR

Pourvu qu'elle ne le fasse pas pour de bon!

(Il rit.)

HONORINE *(indignée)*

Et vous avez le courage de rire, gros sans cœur! Vous ne voyez pas que c'est affreux pour moi, ce qui se passe? Je claque des dents, je suis toute estransinée!

CÉSAR *(prépare un verre)*

C'est vrai peuchère. Qu'est-ce que vous buvez?

HONORINE *(sanglotant)*

Un mandarin-citron. *(Elle pleure.)* Ah! mon Dieu! Ah! mon Dieu!

CÉSAR

Allez, vaï, buvez un coup et puis examinons la situation.

(Elle boit à petites gorgées.)

HONORINE *(brusquement)*

La situation, elle est toute simple! dès que je vois ma fille, d'un pastisson, je lui coupe la figure en deux.

CÉSAR

Allons, allons... vous n'allez pas la tuer pour ça!

HONORINE *(explosant de fureur)*

A coups de barre! A coups de barre!

(Elle a pris le gourdin qui est sous le comptoir et elle veut sortir. César la retient.)

CÉSAR

Norine, voyons, Norine...

HONORINE

César, lâchez-moi, je ne me connais plus!

CÉSAR *(il la tient par les poignets)*

Asseyez-vous... asseyez-vous, Norine... et pensez un peu à vous, ça vous calmera.

HONORINE *(qui sanglote)*

Est-ce que j'ai le temps de penser à moi?

CÉSAR

Ce serait pourtant le moment! Si votre mère vous avait tuée à coups de barre, il y a vingt-cinq ans, quand vous étiez fiancée avec votre pauvre frisé...

HONORINE *(avec violence)*

Mais nous, ce n'était pas la même chose...
Nous habitions sur le même palier et il n'y avait
qu'un couloir à traverser... Et puis c'est moi qui
allais chez lui... Tandis que votre Marius... Et
puis, elle ne savait pas qu'on l'avait déjà fait
dans la famille!

CÉSAR

Bah! Nous allons les marier dans quinze
jours, et voilà tout! Asseyez-vous, Norine.
Calmez votre émotion... Ça ne vaut rien pour la
santé.

HONORINE

Es un pouli pouar voste Marius! Aquéou salo
que venié à l'oustaou coumo moun enfant... De
tout sûr, il l'a prise de force!

CÉSAR *(il rit)*

Allez, elle a pas dû crier bien fort! Buvez un
coup!

HONORINE

Ça vous fait rire, espèce d'indigne!

CÉSAR

C'est la jeunesse, ça Norine. Ça s'en va vite!

HONORINE

Je le sais bien... Mais tout de même!

CÉSAR

Ça s'en va vite et ça ne revient plus... *(Il prête l'oreille.)* Té, j'entends Marius. Il vient de rentrer par la fenêtre...

HONORINE

Il vaut mieux que je ne le voie pas, parce que je le graffignerais.

CÉSAR

Non, non, ne graffignez personne... Allez-vous-en... Allez, partez Norine.

HONORINE

Voyez dans quel état je suis!...

CÉSAR

Tenez, passez par la cuisine, vous sortirez par la petite porte de l'autre côté. *(César la pousse doucement. Avec sollicitude.)* Ne pleurez plus. On les mariera. Si vous voulez vous essuyer les yeux, prenez le torchon des mains. Il est propre, je viens de le changer.

(Elle sort. César, qui rit tout seul, dispose sur une table deux assiettes, un pot d'anchois, un pot d'olives noires, deux croissants.)

(On entend tourner avec précaution la clef dans la serrure de la porte de Marius. Il entre, les cheveux hérissés, et se frotte un œil du dos de la main.)

Scène IV

MARIUS, CÉSAR

MARIUS

Bonjour, papa !

CÉSAR

Bonjour, petit. Tu as fini par t'éveiller ?

MARIUS *(il bâille difficilement)*

Oui... Quelle heure est-il ?

CÉSAR

Neuf heures passées.

MARIUS

Oh! Coquin de sort! J'ai lu dans mon lit, hier au soir... J'ai lu assez tard... Quand je me suis endormi, le jour se levait...

CÉSAR *(bonhomme)*

Je te l'ai dit vingt fois que c'est fatigant de lire si tard... Tu n'as pas très bonne mine. Tu es pâle, tu as les yeux battus...

MARIUS

Tu crois?

CÉSAR

Si je ne t'avais pas vu sortir de ta chambre, je me demanderais d'où tu viens!

MARIUS

Tu m'as appelé à 7 heures?

CÉSAR

Oui, je t'ai appelé, mais vouatt! Tu as continué à dormir... On t'entendait ronfler d'ici...

MARIUS

Ça c'est pas possible.

CÉSAR

Pourquoi?

MARIUS *(très gêné)*

Parce que... Je ne ronfle jamais.

CÉSAR

Tu as ronflé si fort que tous les clients en rigolaient. J'ai voulu aller te réveiller, mais tu avais fermé à clef.

MARIUS

Oui, je viens de m'en apercevoir... J'ai dû tourner la clef machinalement...

CÉSAR

Eh oui, machinalement... Eh bien, on va déjeuner ensemble...

(On entend une fanfare assez proche.)

MARIUS

Qu'est-ce que c'est, cette musique?

CÉSAR

C'est pour le bateau qui s'en va. Celui que Panisse lui a fait des voiles...

MARIUS

La Malaisie?

CÉSAR

Oui, c'est ça... (*Il va s'asseoir devant le pot d'anchois. Marius est allé jusqu'à la terrasse. Il regarde à gauche le bateau.*) Apporte ton café et les croissants... Tu n'as pas faim?

MARIUS

Oui, bien sûr... (*Il va au percolateur, et remplit une tasse de café tout en parlant.*) Ils ne devaient partir que lundi prochain.

CÉSAR

Qui ça?

MARIUS

La Malaisie.

CÉSAR

Qu'est-ce que ça peut nous faire?

MARIUS

Oh rien, bien sûr.

(*Son café dans une main, la corbeille de croissants dans l'autre, il s'avance vers son père.*)

CÉSAR

On dirait que tu perds ton pantalon.

MARIUS

Tu crois?

CÉSAR

C'est une impression.

MARIUS

C'est vrai. J'ai dû maigrir.

CÉSAR

Tu lis trop. Tu as tort de lire toute la nuit. Si tu continues à lire comme ça, tu finiras par devenir maigre comme un stoquefiche. Pourquoi ne mets-tu pas une ceinture?

MARIUS

C'est vrai, tiens. J'en achèterai une.

(Il s'assoit en face de César. Tous deux mangent. César regarde son fils avec un sourire plutôt satisfait. On voit Honorine qui ouvre l'éventaire. Marius paraît surpris.)

MARIUS

Tiens, Honorine est rentrée?

CÉSAR

Oui. Elle est arrivée en automobile à 7 heures du matin. *(Marius paraît très mal à son aise. Un temps. César le regarde.)* Sacré Marius, va!

MARIUS

Pourquoi me dis-tu ça?

CÉSAR

Pour rien! Sacré Marius! Tu as bon appétit, ce matin.

MARIUS *(très gêné)*

Oui, ça va.

CÉSAR

Dis donc, où en es-tu avec ton ancienne maîtresse? Tu sais bien, celle que tu gardais par pitié? La suicidée? Tu la vois toujours?

MARIUS

Oui, naturellement.

CÉSAR

Oh! mais dis donc, tu es un gaillard redoutable! Quel lecteur!

MARIUS

Pourquoi?

CÉSAR

Pour rien. Sacré Marius! *(Un temps. Il mange des olives.)* Tu lui as dit que tu allais te marier?

MARIUS *(il trempe son croissant)*

Non... Pas encore... Je lui ai bien laissé comprendre, n'est-ce pas, qu'un jour ou l'autre...

CÉSAR

Tout ça, c'est bien gentil de ta part envers cette personne... mais c'est peut-être moins gentil envers Fanny.

MARIUS

Pourquoi?

CÉSAR

Parce que tu la fais attendre, cette petite. Est-ce que tu es décidé à l'épouser?

MARIUS

Oui, j'ai bien réfléchi, et puis je me suis décidé.

CÉSAR

Alors, pourquoi ne pas le dire à vos parents?

MARIUS

Eh bien, il y a quelque chose que je ne comprends pas. C'est Fanny qui retarde toujours la date.

CÉSAR

Elle?... Pourquoi?

MARIUS

Je ne sais pas. Quand je lui en parle, elle me dit que nous avons bien le temps.

CÉSAR

C'est bizarre!

MARIUS

Oui, c'est bizarre. Je n'y comprends rien. Par exemple, hier soir je l'ai vue.

CÉSAR *(feignant la plus grande surprise)*

Tu l'as vue? Et quand?

MARIUS

Après dîner, quand je suis sorti, tu sais...

CÉSAR

Ah! C'est ça ton cinéma?

MARIUS *(gêné)*

Nous y sommes allés ensemble.

CÉSAR

Oui, je comprends. Et alors ?

MARIUS

Au commencement de la soirée, elle me parlait du mariage — elle préparait déjà la maison dans sa tête — enfin, quoi, c'était une chose décidée.

CÉSAR

Une chose faite pour ainsi dire.

MARIUS

Eh oui... Et tout d'un coup, à la fin de la soirée, ça change de musique. Elle me dit brusquement : « Je ne sais pas si je ne suis pas trop jeune pour me marier... Nous ferions mieux d'attendre encore... Je ne sais pas si je t'aime assez » et cœtera, et cœtera.

CÉSAR

Elle t'a dit ça... après le cinéma ?

MARIUS

Oui, après le cinéma.

CÉSAR

Peut-être qu'elle n'a pas aimé le film. Ça l'a mise de mauvaise humeur.

MARIUS

Je n'y comprends rien. Je me demande si elle ne regrette pas Panisse...

CÉSAR *(il hausse les épaules)*

Allons donc! Elle se fout bien de ce pauvre vieux!

MARIUS

Mais alors pourquoi...

CÉSAR *(il le coupe brutalement)*

Parce que c'est ta faute.

MARIUS *(surpris)*

Ma faute?

CÉSAR

Oui ta faute. Écoute, Marius : tu ne connais pas encore bien les femmes, mais moi, je vais te les expliquer. Les femmes, c'est fier, et c'est délicat. On a beau ne rien leur dire : ça voit tout, ça comprend tout, ça devine tout. Hier, quand cette petite, au commencement, t'a parlé de votre mariage, c'était pour voir la tête que tu ferais : et toi, comme tu n'es pas pressé, tu as dû lui offrir, sans te rendre compte, un mourre de dix pans de long. Alors, té, par fierté, elle bat en retraite, elle dit : « Je crois que je suis trop jeune... Et nous avons bien le temps... » Mais moi je suis sûr que si tu lui disais que la messe est commandée pour demain matin, elle serait à l'église avant le bedeau.

MARIUS

Tu as peut-être raison.

CÉSAR *(avec force)*

Pas peut-être, j'ai raison.

MARIUS

Je vais lui en parler.

CÉSAR

Écoute-moi, mon petit... Dès que tu verras Fanny, parle-lui sérieusement. Oui, parle-lui-en le plus tôt possible. Tu devrais penser à l'histoire de Zoé, qui n'était pas plus malhonnête qu'une autre.

MARIUS

Quel rapport peut avoir cette histoire, que d'ailleurs je ne connais pas ?...

CÉSAR

Ah! tu ne la connais pas? Eh bien, Zoé, c'était une petite fille très jolie, très coquette et qui ne pensait pas à mal. Elle travaillait à la fabrique d'allumettes... Je la vois encore quand elle passait là devant, toute bravette sous son grand chapeau de paille... Tous les hommes la regardaient... Elle avait une espèce de charme... Elle souriait à tous. Mais elle restait sage comme une image... Et puis un jour, ça lui a pris pour un matelot espagnol... Elle croyait qu'ils allaient se marier... qu'il ne repartirait plus... Alors, ils se sont donné un peu d'avance... Et un beau soir, il est parti...

MARIUS

Il l'a abandonnée?

CÉSAR

Oui. Alors, Zoé... (*Un grand geste désolé indiquant que la bride était lâchée.*) Qu'est-ce que tu veux, quand un homme les a trompées ça les dégoûte de notre nature, elles ne peuvent plus aimer personne, ça fait qu'elles deviennent des filles des rues... Et puis, quand elles ont commencé, elles n'ont plus rien à perdre! Marius, l'honneur, c'est comme les allumettes : ça ne sert qu'une fois.

MARIUS

Pourquoi me racontes-tu ça?

CÉSAR *(rudement)*

C'est pour te dire que Fanny, il ne faut pas t'en amuser. Tu me comprends?

MARIUS

Mais, oui, je te comprends!

CÉSAR

Bien entendu, je ne soupçonne pas sa vertu! Je n'ai rien vu, je ne sais rien. Mais s'il y a eu entre vous des conversations... des caresses; eh bien, il vaut mieux vous marier le plus tôt possible. Crois-moi.

MARIUS *(très gêné)*

Je vais lui en parler.

CÉSAR

Oui, parle-lui-en et insiste le plus que tu pourras, parce que... si tu veux mon idéé... le matelot de Zoé, c'était pas un homme.

(Il se lève, ferme son couteau, regarde Marius gravement, et se dirige vers la porte de la cuisine. Comme il va sortir, il fouille dans la poche de son tablier : il en tire la ceinture. Sans regarder son

fils, il la jette devant lui, sur la table, et monte
l'escalier vers sa chambre. Marius, perplexe, a pris
la ceinture et la regarde avec une grande inquié-
tude. Fanny paraît sur la terrasse. Marius semble
réfléchir. Il met sa ceinture, et se décide tout à
coup. Il va vers elle.)

Scène V

MARIUS, FANNY, PANISSE, LE BOSCO, CÉSAR, PIQUOISEAU

MARIUS

Fanny, il faut que je fasse une course très
urgente, très importante... Tout à l'heure, je te
dirai ce que c'est... Mon père dort, garde le bar.
Dix minutes pas plus...

FANNY

Bon, je t'attends.

(Elle est soucieuse. Il s'en va d'un pas pressé.
Panisse, qui arrive, le regarde partir d'un air
soupçonneux.)

PANISSE

Où va-t-il?

FANNY

Je ne sais pas.

PANISSE

Écoute. Il faut que je te dise quelque chose. Quelque chose de grave, et qui n'est pas facile à dire.

FANNY

A propos de quoi?

PANISSE

A propos de lui. Ce qui me gêne, c'est que tu vas peut-être croire que c'est la jalousie qui me fait parler, et justement c'est tout le contraire. Ce que je veux te dire, c'est dans son intérêt, et dans le tien.

FANNY

Et qu'est-ce que c'est?

PANISSE

Tu sais qu'il a la folie de partir?

FANNY

Oui, je le sais. Mais il me dit que ça lui a passé...

PANISSE

Tu en es sûre?

FANNY

Oui, puisqu'il me l'a juré.

PANISSE *(surpris et perplexe)*

Ah? Il te l'a juré? Tant mieux. Mais tout de même... Surveille-le... Surtout ce matin.

FANNY

Pourquoi ce matin?

PANISSE

Parce que la Malaisie va partir tout à l'heure.

FANNY

Je le sais. J'ai vu tout ce monde en passant, et puis la musique... Et je vous jure que ça m'a fait plaisir. Parce que le seul bateau que je craignais, c'était celui-là.

PANISSE

Et tu avais raison...

FANNY

J'avais tort, puisqu'il s'en va.

PANISSE

Il n'est pas encore parti. Et puis, finalement,
j'aime mieux te le dire pendant qu'on peut
encore essayer quelque chose. S'il veut, il peut
partir. Depuis longtemps il a demandé une
place à bord, et on la lui a donnée. Voilà. Je ne
sais pas s'il partira, mais s'il veut, il peut.

FANNY

Qui vous l'a dit?

PANISSE

Le second de la Malaisie. C'est moi qui leur
ai fait des voiles de rechange. Où est-il, maintenant?

FANNY

Il est allé faire une commission, en bras de
chemise. Il a peut-être demandé à partir, il y a
longtemps, mais depuis, il s'est passé bien des
choses... Je suis sûre qu'il ne partira pas.

PANISSE

Tant mieux, tant mieux.

FANNY

Et vous, vous devriez avoir honte de dénon-
cer un ami.

PANISSE

Là, tu te trompes bien... Quand j'ai su qu'il allait partir, le mois dernier, j'ai eu un vilain sentiment. Et même, ce matin, je l'avais encore... Je me suis dit : s'il part, c'est une bonne affaire pour moi... Elle l'oubliera, et peut-être, un jour, j'aurai ma chance... Et puis, ce matin, en voyant tous ces préparatifs, j'ai pris mon courage, et je me suis dit : il faut avertir César.

FANNY *(vivement)*

Ah non! N'avertissez personne... Je vous dis qu'il ne pense plus à ces bêtises... Au contraire, ça le fait rire!

(Un quartier-maître de la marine vient de paraître sur la porte. C'est le bosco de la Malaisie. Piquoiseau le suit.)

PANISSE

Tiens, en voilà un qui ne me fait pas rire. Salut, bosco!

LE BOSCO

Salut, maître!

FANNY

Vous cherchez Marius?

LE BOSCO

Oui. Il n'est pas là?

FANNY

Non. Il est allé faire une course.

LE BOSCO

Où?

FANNY

Je ne sais pas.

LE BOSCO

Je venais lui dire adieu, parce que nous appareillons. On n'attend plus que le pilote qui est en train de rentrer le « Paul Lecat »... Il va revenir bientôt?

FANNY

Il m'a dit dix minutes, un quart d'heure...

LE BOSCO *(il regarde sa montre)*

Bon. Si j'ai le temps, je repasserai... Si vous le voyez, dites-le-lui. *(Il salue et va sortir. César descend, dans son costume de ville.)*

CÉSAR

Vé! Bonjour chef! Une minute, que je vous

offre le coup du départ! Viens trinquer, Panisse! Et toi aussi, Fanny!

PIQUOISEAU *(humble)*

Et moi aussi?

CÉSAR

Bien sûr, toi aussi.

PIQUOISEAU

Vous voyez chef? Pour moi aussi, le coup du départ! *(Suppliant.)* Alors il faut que je parte... Moi aussi...

CÉSAR

Tu es trop vieux, pauvre fada... Même si tu étais amiral, tu serais à la retraite!

PIQUOISEAU *(au bosco)*

Je sais beaucoup de choses, surtout pour la voile...

CÉSAR *(le verre en main)*

Silence! *(Il prend un ton solennel.)* Donc, nous allons boire le coup du départ. C'est émouvant, le coup du départ. On quitte sa famille, ses amis, ses clients. On part pour les mers inconnues d'où l'on est presque sûr de ne pas revenir. Alors on prend son verre d'une main qui ne tremble pas. On boit le dernier coup sur la terre ferme... le coup du départ... C'est émotionnant... A votre santé...

CÉSAR

Moi, je ne pars pas, mais je sors. Lui s'en va chez les kangourous, moi je vais à la réunion du Syndicat des Débitants. Lui reviendra dans trois ans, et moi à midi. Que Dieu nous protège! A la vôtre! *(Ils lèvent leurs verres, et boivent.)*

PIQUOISEAU *(suppliant)*

Sans me payer chef. Je ne mange pas beaucoup, et je sais des choses... Surtout sur la voile... J'ai navigué dans la mer Rouge, moi... Sans me payer, chef...

LE BOSCO

Je t'ai déjà dit que je ne peux pas... Au revoir, Monsieur César.

CÉSAR

Au revoir, chef...

LE BOSCO *(à Panisse et Fanny)*

Si j'ai le temps, je repasserai tout à l'heure...

PANISSE

D'accord.

(Le bosco sort. Piquoiseau tombe à genoux en pleurant.)

CÉSAR

Pauvre malheureux! A quoi ça ressemble cette folie de vouloir flotter sur l'eau, de manger des conserves, de dormir suspendu au plafond, de pas pouvoir servir un verre sans verser à côté, impossible de faire une pétanque ou de jouer au billard, et tout ça au milieu des tempêtes, des cyclones, et des requins!

(Un passant l'appelle à travers le rideau de bouchons.)

LE PASSANT

O César! Tu ne viens pas au Syndicat?

CÉSAR

Attends-moi! Je finis de parler. *(Il reprend.)* Et malgré tout ça, quand la folie de naviguer les prend, il n'y a plus rien à faire, et ils ne guérissent jamais! A tout à l'heure! *(Il sort.)*

Scène VI

FANNY, PANISSE, HONORINE, MARIUS,
LE BOSCO, PIQUOISEAU, CÉSAR

FANNY *(à Panisse)*

Puisqu'il venait lui faire ses adieux, c'est qu'il
ne part pas !

PANISSE

D'accord. C'est toi qui avais raison... Et je
suis content d'avoir eu tort... Mais dis-toi bien
que ce que je t'ai dit, ce n'était que pour ton
bien. Et même, je te dirai plus : c'est que...

*(Mais Honorine vient de paraître. Elle pose un
assez gros paquet sur l'éventaire, puis, les poings
sur les hanches, elle crie.)*

HONORINE

Alors, c'est à midi que tu vas l'ouvrir,
l'inventaire ?

PANISSE

Excusez-là, Norine, c'est de ma faute. C'est
moi qui lui ai fait la conversation.

HONORINE

Eh oui ! pour la blagotte, vous êtes fort ! Vous,

pendant ce temps, vos ouvrières travaillent.
Mais nous, on a besoin de gagner notre vie.
*(Panisse feint la terreur, et s'éloigne sur la pointe
des pieds. Elle se tourne vers Fanny.)* Donne-moi
les clefs. *(Fanny donne les clefs à sa mère. Dès
que Panisse a disparu, Honorine se met à crier à
voix basse.)*

HONORINE

Je suis allée à la maison à sept heures ce
matin. Et j'ai ouvert la porte de ta chambre. Tu
as compris? *(Fanny ne sait que répondre.)* Toi
ma fille! Est-ce que ça n'aurait pas été plus
simple et plus honnête de vous marier d'abord,
puisque tout le monde était d'accord? Va, va, tu
es bien le portrait de ma sœur Zoé, qui a
déshonoré la famille et qui a fait mourir ma
mère de chagrin!

FANNY

Maman, je t'expliquerai... Je te dirai pourquoi...

HONORINE

Ah non! Il manquerait plus que ça que tu me
donnes des explications! Et ça s'est passé à la
maison! Devant le portrait de ta grand-mère!
Pauvre sainte femme! Et les voisins! Tu y as
pensé aux voisins? Avec cette Miette qui a
toujours un œil au trou de la serrure, et une

oreille contre la cloison! J'espère que c'était la
première fois cette orgie?

(Fanny baisse la tête et dit non.)

HONORINE

Tous les mercredis alors?

(Fanny ne répond pas.)

HONORINE

Eh bien, c'est du propre! Après ma sœur
Zoé, il ne nous manquait plus qu'un petit
bastard! Tu peux le lui dire à ton Marius, il
faut qu'il te demande avant ce soir, tu entends?
Il a voulu te voir dormir, eh bien maintenant
qu'il t'épouse! A l'église et à la mairie et au
galop! Et s'il ne te veut pas tant pis pour toi : tu
iras dire oui à Panisse! Quand tu seras mariée,
tu feras tout ce que tu voudras, mais au moins
tu auras sauvé l'honneur!... Sinon, ce n'est plus
la peine que tu rentres à la maison. Je ne veux
plus te voir, tu n'es plus ma fille. Je m'enferme
à clef dans ma chambre, et je me laisse mourir
de larmes! *(Elle sanglote. Mais un homme, dans
l'uniforme d'un chasseur d'hôtel, prend le paquet
sur l'éventaire. Honorine change brusquement de
ton.)* Vé l'autre, qui en profite pour nous voler!
(Elle se précipite vers lui.) Oh! mais dites,
qu'est-ce que vous faites?

L'HOMME

C'est pas ça les favouilles pour l'hôtel de
l'Univers et du Portugal?

HONORINE

Non, c'est pas ça! Elles sont au vivier!
Allez-y, je vous suis! *(Elle revient vers Fanny.)*
Penses-y bien Fanny? Parce que je t'ai élevée
toute seule, que je me suis donné beaucoup de
mal pour toi et que la chose de ma sœur Zoé
nous oblige à être plus honnêtes que les autres.
(Elle va pour l'embrasser, mais elle se ravise.) Et
puis non, je ne t'embrasse plus tant que tu n'es
pas fiancée. *(Sur le seuil elle la regarde, elle
s'arrête. Fanny va s'élancer vers elle, mais Honorine se reprend encore une fois.)* Non, non, je ne
t'embrasse pas. Descends à la cave chercher les
paniers, et surtout commence par trier les
huîtres en bas, pour ne pas jeter devant tout le
monde celles qui sont mortes...

*(Fanny descend à la cave. Honorine arrange
l'éventaire. Elle regarde vers la droite. Elle voit
arriver Marius.)*

HONORINE

Et voilà le satyre! Comme il a l'air vicieux!
Té, j'aime mieux rien lui dire...

(Elle tourne le dos et s'en va vers la gauche.

Marius paraît. La tête basse, perdu dans ses pensées. Sur la porte, il regarde la Malaisie, au loin. Il va au comptoir, met de l'ordre, astique le zinc. Une sirène lointaine. Il écoute, il hausse les épaules... Le bosco paraît sur le seuil, suivi de Piquoiseau.)

LE BOSCO *(sévère)*

Et alors?

MARIUS

Alors, je ne peux pas. Non, je ne peux pas. Je vous ai cherché tout à l'heure pour vous le dire... Et puis...

LE BOSCO

Et puis tu te dégonfles, et voilà tout. Et moi, j'en ai raconté des boniments au commandant! Que tu avais la folie de la mer, que ta mère c'était la sœur d'un marin breton, et que nous étions un peu cousins... Je vais en entendre parler, de mon cousin...

MARIUS

Je sais bien, je sais bien... Excusez-moi... Il me faut bien plus de courage pour rester que pour partir.

LE BOSCO

C'est à cause des coquillages?

MARIUS

Oui. Nous devons nous marier, ce mois-ci.

LE BOSCO

Tu t'es laissé prendre au piège, et pour toi, les bateaux c'est fini. Je connais ça...

MARIUS

Mais non! Partir aujourd'hui pour trois ans, je n'en ai plus le droit... Mais après, si je veux, je naviguerai...

LE BOSCO

Oui, dans la barquette, pour la bouillabaisse du dimanche, au cabanon. Enfin, ça n'a pas d'importance. Nous faisons escale à Toulon pour embarquer des appareils. Je trouverai un homme tout de suite. Pour une croisière comme celle-là!

PIQUOISEAU

Rangoun, Padang, Florès, la Calédonie...

MARIUS

Je le sais bien qu'un si beau voyage ça ne se retrouvera jamais. Tant pis pour moi!

LE BOSCO

Eh bien au revoir mon vieux. Je ne t'enverrai

pas de cartes postales, tu en aurais trop de
regrets.

MARIUS

Jamais plus que maintenant...

LE BOSCO

Si tu changes d'idée, tu n'auras qu'à traverser
le quai!...

*(Il sort. Piquoiseau le suit, en répétant ses
supplications. Fanny sort de la trappe. Elle paraît
grave, mais non pas désolée.)*

FANNY

Marius, je n'ai pas écouté, mais j'ai entendu.

MARIUS

Tu as entendu que je tiens ma parole... Le
bateau s'en va, j'ai ma place à bord et moi je
suis ici! Je lave les verres et j'astique le
comptoir.

FANNY

Ça prouve que tu es honnête. Eh bien moi
aussi, je suis honnête... Je ne suis pas un piège,
Marius... Si tu veux partir, tu es libre.

MARIUS

Tu ne penses pas ce que tu dis. C'est maintenant que tu me tends le piège. Tu veux voir ce que je vais faire : eh bien tu le vois : je reste avec toi.

FANNY

J'ai bien réfléchi, Marius. Depuis plus d'un mois, je te regarde et j'ai bien vu que tu regrettes ce qui nous est arrivé, mais que tu restes pour réparer ta faute. Tu n'es responsable de rien : cette faute est mienne, ne t'en charge pas !

MARIUS

Alors, tu crois que je ne t'aime pas, quand je te fais un si grand sacrifice ?

FANNY

Je crois que tu m'aimes. A ta façon. Mais je sens bien que cette corde qui te tire ne se cassera jamais. Moi, je n'ai pas la force de te retenir... Et alors, puisqu'il te faut ta liberté, au moins que ce soit moi qui te la donne. Puisque c'est la mer que tu préfères, marie-toi avec la mer. Nous verrons plus tard...

MARIUS

C'est comme ça que tu m'aimes ?

FANNY

Oui, c'est comme ça.

MARIUS

Mais toi, pendant trois ans, qu'est-ce que tu ferais?

FANNY

Je te l'ai dit. Je t'attendrai. Nous avions convenu que tu naviguerais après. Mais j'ai réfléchi : il vaut mieux « avant », parce que peut-être tu reviendras guéri. C'est très grave, un mariage. Je ne veux pas risquer de faire ton malheur, et peut-être le mien!

MARIUS *(il a peine à cacher son espoir)*

Fanny, ce n'est pas possible... Je ne veux pas croire que tu parles sérieusement!

FANNY

Parce que tu trouves que ça serait trop beau. Eh bien c'est trop beau. Va prendre ton sac.

MARIUS

Fanny, fais bien attention de ne pas me le dire encore une fois!

(Piquoiseau qui s'est rapproché peu à peu, entre brusquement et crie :)

PIQUOISEAU

Elle l'a dit ! Elle l'a dit !

(Il va à la chambre de Marius, ouvre la porte et prend le sac de marin.)

Vite, vite, le pilote arrive !

MARIUS

Je suis sûr que si je partais, tu m'oublierais.

FANNY

Et ça te ferait bien plaisir, parce que tu m'aurais oubliée avant... Tu auras vu tant de choses sans moi...

PIQUOISEAU

Aden, Bombay, Rangoun, Padang...

FANNY

La Calédonie, les Iles Sous-le-Vent. Ce bateau va partir sans toi et tu me le reprocheras toute ma vie... Tu n'as plus envie maintenant ?

MARIUS *(il crie)*

Oui, j'ai envie, oui... Mais je trouve que tu acceptes ça bien facilement !

FANNY

Tu voudrais que je pleure, et que je m'accroche pour te garder...

MARIUS

Non, je ne le voudrais pas, mais j'en avais peur.

FANNY

Eh bien ne crains rien. Tu vois que je suis raisonnable et que je te comprends.

MARIUS *(brusquement)*

C'est ta mère qui t'a conseillée. Elle attend que je sois parti pour te vendre à Panisse!

FANNY

Si tu as besoin d'un prétexte, celui-là est bon. Et justement il m'a encore demandée ce matin...

MARIUS

Et qu'est-ce que tu lui as répondu?

FANNY

Je n'ai pas dit « oui ».

MARIUS

Mais tu n'as pas dit « non »...

FANNY

On ne sait pas ce qui peut arriver.

MARIUS

C'était ça ta générosité. J'aurais dû comprendre plus tôt!

FANNY

Ce n'est pas pour moi, Marius. Tu sais bien que dans les familles, il y a des questions d'intérêt... Il faut penser à l'avenir... Ma mère n'est plus jeune... Son travail la fatigue. L'amour n'est pas tout dans la vie. Il y a des choses plus fortes que lui...

MARIUS

Oui, l'argent...

FANNY

L'argent, la mer...

MARIUS

Chacun, s'en va vers ce qu'il aime. Toi, épouse l'argent de Panisse, et moi je suis libre, j'épouse la mer... Oui ça vaut mieux pour tous les deux.

FANNY

Oui, ça vaut mieux, mais si tu m'as aimée seulement une heure, laisse-moi te faire une caresse d'amitié.

(On entend un coup de sifflet.)

MARIUS

Ils partent?

(Il s'élance et sort. Panisse entre brusquement.)

PANISSE

Comment! Tu le laisses partir? Attends un peu, je connais quelqu'un qui le retiendra. *(Il va ouvrir la porte de la cuisine.)* César! César!

(Soudain Marius reparaît sur la porte du bar, la tête baissée. Fanny avec une immense émotion, s'approche de lui.)

FANNY

Tu restes?

MARIUS

Je ne peux pas passer. Mon père est devant le bateau. Que faire? Ils larguent les amarres.

PIQUOISEAU *(qui surveille le quai)*

Ton père... Le voilà...

FANNY

Passe par la fenêtre de ta chambre comme si tu allais à un rendez-vous d'amour. Fais le tour par la place de Lenche. Pendant ce temps, je le retiendrai... Non, non, ne dis plus rien... Va-t'en... Va-t'en... *(Elle le pousse dehors avec violence.)*

(Panisse se précipite vers le navire. Soudain, il s'arrête. César vient de paraître sur la porte, songeur. Panisse l'aborde.)

PANISSE

César! Marius est là-bas, devant la Malaisie : il veut te parler...

(Fanny se met entre eux et repousse Panisse en riant.)

FANNY

Mais non! Il est allé chercher mes paniers à la gare! C'est moi qui viens de l'envoyer.

CÉSAR *(regardant Panisse)*

Qu'est-ce qu'il te prend?

PANISSE *(véhément)*

Il se passe ici des choses qui font de la peine à voir. Ouvre les yeux et tu les verras.

CÉSAR

Pauvre fada! Il y a longtemps que je les ai vues... Bonjour Fanny... Oh! comme tu es rose, pitchounette... On dirait que tu as pleuré...

FANNY *(souriante)*

Peut-être.

CÉSAR

Alors, Marius t'a parlé?

FANNY

Oui.

CÉSAR

Et vous êtes d'accord?

FANNY

Oui.

CÉSAR *(il la prend aux épaules)*

Enfin! Tu ne peux pas t'imaginer comme ça me fait plaisir! Brave petite Fanny! Brave fille!

(Il lui caresse les cheveux.) Tu sais que je suis bien content d'avoir une bru aussi jolie que toi?

FANNY

Oh! Il y en a de plus jolies!

CÉSAR

Qui ça? Tu en connais? Va les chercher. On les mettra à ta place. Qu'est-ce que tu regardes? Tu attends Marius? On ne te le mangera pas en route... Il va venir... *(Elle regarde sans cesse du côté de la porte du bar.)*

FANNY

Je sais bien.

CÉSAR

Et maintenant, je vais te dire une chose. Viens! *(Il la prend par la main, et la fait asseoir près de lui, sur la banquette. Puis, il parle en souriant, avec une vraie tendresse.)* Tu sais depuis combien de temps j'y pense, à ce mariage?

FANNY

Depuis... trois mois?

CÉSAR

J'y pense depuis onze ans. Qu'est-ce que je

dis, onze ans ? Depuis quatorze ans. Tu n'étais pas plus haute qu'un pot de fleurs ! Un soir, dans le bar, la mère du petit t'a soulevée dans ses bras et elle t'a dit en t'embrassant : « Pas vrai, Fanny, que tu seras la femme de Marius ? » Et tout le monde riait ; mais toi, tu n'as pas ri. Tu as ouvert tes grands yeux et tu as dit : « Oui... » Et tu vois, ça arrive... Allez, viens donne-moi le bras, allons faire un petit tour sur le port.

FANNY *(on entend une sirène toute proche)*

Et s'il vient des clients ?

CÉSAR

Les clients ! Ils attendront. Viens ! Allons voir partir la Malaisie. Arrive, ma bru.

FANNY

J'aimerais mieux rester ici, avec vous, pour parler de choses qui nous intéressent.

CÉSAR

Et de quoi ?

FANNY

De l'appartement, par exemple.

CÉSAR

L'appartement? Mais tu viens habiter ici! Est-ce que tu t'imagines que je peux vivre seul comme une vieille bête? Ah! non! Je peux te le dire maintenant. J'ai déjà fait mon petit plan, à moi. D'abord... *(A Panisse qui écoute.)* Toi, tu es un curieux, et tu devrais bien tourner ta grande oreille de l'autre côté. *(A Fanny.)* D'abord, je vais prendre pour moi la chambre de Marius, et je vous laisserai la mienne...

(Un coup de sifflet ébranle les airs.)

PANISSE *(désespéré)*

Le voilà qui déborde le quai!

CÉSAR *(joyeux)*

Bon voyage! Et que le bon Dieu les surveille! *(Fanny tient son cœur à deux mains.)* Ma chambre est beaucoup plus grande et tu pourras faire quelque chose de gentil, de gai... Tu comprends?

FANNY

Oui, quand on a de la place, c'est plus facile de tout arranger.

CÉSAR

Et puis, à côté de ma chambre, il y a une

petite pièce qui me sert de débarras. Sais-tu qui
nous y mettrons, si tu veux?... *(A voix basse.)*
Un petit lit. Tout petit, tout petit...

FANNY

Oui, tout petit... tout petit...

*(Soudain, les sirènes du port sonnent l'une après
l'autre, en l'honneur du grand voilier qui s'en va.
Fanny, pâle comme une morte, ferme les yeux, et
tombe en avant. César la retient.)*

CÉSAR

Fanny, ma petite Fanny, qu'est-ce que tu as?
Honoré, passe-moi le rhum... Fanny, ma
chérie...

*(La tête penchée de Piquoiseau paraît à droite
de la porte. Ses yeux brillent, et il dit à mi-voix :)*

PIQUOISEAU

Suez, Aden, Bombay, Madras, Colombo,
Macassar...

Pendant que descend le RIDEAU.

FIN

BIBLIOGRAPHIE

1926. *Les Marchands de gloire*. En collaboration avec Paul Nivoix, Paris, L'Illustration.

1927. *Jazz*. Pièce en 4 actes, Paris, L'Illustration. Fasquelle, 1954. *très amer - et pauvz bleu (film)*

1931. *Topaze*. Pièce en 4 actes, Paris, Fasquelle *un film*
   Marius. Pièce en 4 actes et 6 tableaux, Paris, Fasquelle.

1932. *Fanny*. Pièce en 3 actes et 4 tableaux, Paris, Fasquelle.
   Pirouettes. Paris, Fasquelle (Bibliothèque Charpentier).

1935. *Merlusse*. Texte original préparé pour l'écran, Petite Illustration, Paris. Fasquelle, 1936.

1936. *Cigalon*. Paris, Fasquelle (précédé de *Merlusse*).

1937. *César*. Comédie en deux parties et dix tableaux, Paris, Fasquelle.
   Regain. Film de Marcel Pagnol d'après le roman de Jean Giono (Collection « Les films qu'on peut lire »). Paris-Marseille, Marcel Pagnol.

1938. *La Femme du boulanger*. Film de Marcel Pagnol d'après un conte de Jean Giono, « Jean le bleu ». Paris-Marseille, Marcel Pagnol. Fasquelle, 1959.
   Le Schpountz. Collection « Les films qu'on peut lire ». Paris-Marseille, Marcel Pagnol. Fasquelle, 1959.

1941. *La Fille du puisatier*. Film, Paris, Fasquelle.

1946. *Le Premier Amour*. Paris, Éditions de la Renaissance. Illustrations de Pierre Lafaux.

1947. *Notes sur le rire*. Paris, Nagel.

Discours de réception à l'Académie française, le 27 mars 1947. Paris, Fasquelle.

1948. *La Belle Meunière.* Scénario et dialogues sur des mélodies de Franz Schubert (Collection « Les maîtres du cinéma »), Paris, Éditions Self.

1949. *Critique des critiques.* Paris, Nagel.

1953. *Angèle.* Paris, Fasquelle.
Manon des Sources. Production de Monte-Carlo.

1954. *Trois lettres de mon moulin.* Adaptation et dialogues du film d'après l'œuvre d'Alphonse Daudet, Paris, Flammarion.

1955. *Judas.* Pièce en 5 actes, Monte-Carlo, Pastorelly.

1956. *Fabien.* Comédie en 4 actes, Paris Théâtre 2, avenue Matignon.

1957. *Souvenirs d'enfance.* Tome I : La Gloire de mon père. Tome II : Le Château de ma mère, Monte-Carlo, Pastorelly.

1959. *Discours de réception de Marcel Achard à l'Académie française et réponse de Marcel Pagnol*, 3 décembre 1959, Paris, Firmin Didot.

1960. *Souvenirs d'enfance.* Tome III : Le Temps des secrets, Monte-Carlo, Pastorelly.

1963. *L'Eau des collines.* Tome I : Jean de Florette. Tome II : Manon des Sources, Paris, Éditions de Provence.

1964. *Le Masque de fer.* Paris, Éditions de Provence.

Traductions

1947. William Shakespeare, *Hamlet.* Traduction et préface de Marcel Pagnol, Paris, Nagel.

1958. Virgile, *Les Bucoliques.* Traduction en vers et notes de Marcel Pagnol, Paris, Grasset.

Éditions illustrées par Albert Dubout. Lausanne, Kaeser, Éditions du Grand chêne, 1949-1952 : *Topaze, Marius, Fanny, César.*

Œuvres dramatiques. Théâtre et cinéma, Gallimard, 1954, 2 volumes.

Œuvres complètes. Éditions de Provence, 6 volumes (1964-1973).
- I. — Les Marchands de gloire, Topaze (1964).
- II. — Marius, Fanny (1965).
- III. — Cinématurgie de Paris, César, Merlusse (1967).
- IV. — Judas, Fabien, Jofroi (1968).
- V. — La gloire de mon père, Pirouettes, Discours d'inauguration du lycée Marcel Pagnol.
- VI. — La Femme du boulanger, Regain, Critique des critiques (1973).

Édition illustrée par Suzanne Ballivet, Pastorelly.

1969 : *Marius;* 1970 : *Fanny, César;* 1971 : *Jean de Florette, Manon des Sources;* 1972 : *Topaze;* 1973 : *Regain;* 1974 : *Angèle.*

« Les Chefs-d'œuvre de Marcel Pagnol », Éditions de Provence, 1973-1974 (15 volumes).

Achevé d'imprimer en mars 1984
sur les presses de l'Imprimerie Bussière
à Saint-Amand (Cher)

— N° d'édit 1074. — N° d'imp. 760. —
Dépôt légal : 2ᵉ trimestre 1976.
Imprimé en France

(Pagnol) "Un dramaturge"
Il est un maître de style

Qui

Quand

Quoi

Pourquoi

Comment

Indication :
Cynic ?

Act II

Bouches - du Rhône